일자리보장

- 지속가능사회를 위한 제안 -

진인진

The Case for a Job Guarantee by Pavlina R. Tcherneva
Copyright © Pavlina R. Tcherneva 2020
All rights reserved.
This Korean edition was published by Zininzin Co., Ltd in 2021
by arrangement with Polity Press Ltd., Cambridge
through KCC(Korea Copyright Center Inc.), Seoul.
이 책은 (주)한국저작권센터(KCC)를 통한 저작권자와의 독점계약으로
진인진에서 출간되었습니다. 저작권법에 의해 한국 내에서 보호를 받는
저작물이므로 무단전재와 복제를 금합니다.

나의 딸 이베트를 위하여
푸르고 정의로운 세상에서 살기를 기원하며

목차

감사의 글	7
저자 서문	9
역자 서문	13
서론	21

제1장 좋은 일자리를 위한 공공정책   33

제2장 실패한 현상 유지 정책의 비용   45
- 실업이 어떻게 "자연적"일 수 있을까?   46
- 노동시장: 다수가 처한 진퇴양난   51
- 인간 요요 효과(Human Yo-yo Effect)   56
- 실업은 큰 비용이다   57
- 실패한 현상 유지: 정책 대응   68

제3장 일자리보장제: 새로운 사회계약과 거시경제 모델   71
- 다양한 보장 정책들: 공공 정책 옵션과 가격 지원   74
- 가격 지원, 완충재고, 생활임금   77
- 가장 중요한 상품의 가격 정하기   79
- 물가상승과 정부지출에 대한 더 우수한 통제   81
- 자동 안정화 장치:
 실업을 보장할 것인가 아니면 고용을 보장할 것인가?   83
- 단지 치유만이 아니라 예방을   84
- 노동 표준과 새로운 사회계약   87

	· 서비스 부문에 요긴한 것	90
	· 그 외의 편익들: 이직, 사전 분배, 안전망	93
제4장	**예산을 마련할 수 있을까?**	99
	· 통화시스템과 공공 지갑의 권능	100
	· 물적 비용 대(對) 금전적 비용, 그리고 편익	104
	· 일자리보장제를 위한 예산	110
제5장	**무엇을, 어디에서, 어떻게:**	
	일자리 종류, 설계, 실행방안	115
	· 프로그램의 특징	116
	· 운영 행정과 참여 민주주의	120
	· 다른 제안들과의 차별성	123
	· 일자리의 형태들: "국가돌봄법"(National Care Act)	127
	· 현실 세계의 사례들	131
	· 우려와 자주 묻는 질문들	136
제6장	**일자리보장제, 그린뉴딜, 그리고 그 이후**	153
	· 녹색 의제 안에 일자리보장제 위치시키기	158
	· 산업적 동원계획과 일자리보장제	161
	· 결론: 실종된 글로벌 고용 정책	166
역자 보론	**대안적 사회복지제도로서의 일자리보장제**	169

::

감사의 말

내가 일자리보장제 연구를 시작하던 1990년대 말, 미국은 완전고용을 달성했고, 골디락스 경제(고성장과 저물가의 경제-역자)가 유지되고 있다는 것이 중론이었다. 나는 이런 주장을 이해할 수 없었다. 하지만 하나는 확신이 들었다. 나 말고는 누구도 실업을 연구하지 않을 것이라고. 다행히도, 나의 예상은 틀렸다.

나의 여정은 매튜 포스테이터(Mathew Forstater), 워렌 모슬러(Warren Mosler), 랜달 레이(L. Randall Wray)의 우정과 지지로 시작했고, 윌리엄 밋첼(William Mitchell), 스테파니 켈튼(Stephanie Kelton), 파델 카눕(Fadhel Kaboub), 스콧 펄윌러(Scott Fullwiler)를 포함한 많은 친구들과 조력자들과의 연대로 이어졌다. 일자리보장제 옹호 집단은 성장했다. 내 연구를 풍부하게 해준 사람들을 미국은 물론 해외에서도 만날 수 있었다. 역사와 법, 공공정책과 인문과학 등 모든 학술 분야에서 환호했다. 나는 비슷한 여러 프로그램을 디자인하고 실행한 정책 입안자들과 함께 작업했다. 환경 및 사회 정의 활동가들, 청년 조직, 언론인, 시민활동가들이 일자리 보장 제안을 반기며 받아들였다. 일자리보장제가 국가적 토론과 정책의제로 다시 한번 자리잡을 수 있도록 그들 모두가 기여했다.

이 책을 쓰는 과정에서 안젤라 글로버 블랙웰(Angela Glover Blackwell), 라울 카릴로(Raúl Carrillo), 그레고르 샤펠(Grégor Chapelle), 윌리엄 "샌디" 대리티(William "Sandy" Darity), 이자벨 페레라스(Isabelle Ferreras), 트루디 골드버그(Trudy Goldberg), 로한 그레이(Rohan Gray), 대릭 해밀턴(Darrick Hamilton), 필립 하비(Philip Harvey), 사라 트로이하프트(Sarah Treuhaft)를 비롯한 많은 사람들과의 토론이 많이 도움이 되었다. 이 책에 크게 기여한 조언을 해준 세 사람의 익명 교정자와 편집자 조지 오우어스(George Owers)에게, 그리고 자료정리와 도표작업을 도와준 학생 키르스텐 오스트비르크(Kirsten Ostbirk)에게 감사의 뜻을 전한다. 유머로 포장된 너그러운 피드 백을 해준 존 헨리(John Henry)에게 특별한 감사의 뜻을 전한다. 덧붙일 필요도 없겠지만 기술된 모든 견해와 남아있는 오류는 저자인 나의 몫이다. 마지막으로 가족에게, 특히 모든 일을 가능하게 하는 더글러스 존슨(Douglas Johnson)에게 가장 깊은 감사를 보낸다.

저자 서문

눈 깜빡할 사이에 수백만 명이 일자리를 잃고 있다. 전 지구를 뒤덮는 화염 같은 코로나 바이러스 창궐로 각 경제가 차례로 문을 닫고 있다. 노동시장에 커다란 구멍이 생기더니, 해고의 물결은 이미 쓰나미로 변해 버렸다. 미국 중앙은행인 연방준비은행(이하, 연준)은 미국의 실업자 수가 1930년대 대공황 수준을 넘어설 것으로 예측하고 있다. 이 팬데믹에 뒤이어, 대량 실업은 엄청난 고통과 황폐화를 낳을 것이다.

이 책은 노동시장에서 이런 대출혈이 시작되기 이전에 쓰여졌다. 하지만 실업은 전파되는 방식에서부터 그 치명적인 성격, 사람-공동체-경제에 부과하는 거대한 사회적 비용에 이르기까지, 여러 면에서 소리없이 번지는 전염병과 비슷하게 움직인다. 경제가 완전고용 가까이 도달하더라도 그러하다. 이 비용은 불과 몇 개월 안에 측정이 불가능할 정도로 늘어나게 될 것이다.

얼마 전까지만 해도 사람들의 대화 속에서 팬데믹은 그저 웃음거리에 지나지 않았다. 이와 유사하게, 우리는 최저임금을 시간당 15달러로 올리면 일자리가 사라질 것이란 말을 들었다. 이는 빈곤에 허덕이는 노동자들이 존재해야 경제에 도움이 된다는 말과 비슷하다. 하지만, 오늘날 우리가 결정적으로 의존하고 있는 사람들은 생활임금(living wage)과 기본적인 일자리를 보호받지 못하는 노동자들이라는 점이 그 어느 때보다 분명해졌다. 지금은 마트의 점원들, 교통 운행 관리원들, 창고 노동자들, 배달 노동자들, 위생관리원 등이 '핵심 노동자'로 찬사받고 있지만, 경제가 회복되면 전문가들은 또다시 이들을 자동화로 대체되어야 할 저생산성 노동자라고 부르게 될 것인가?

불과 얼마 전까지만 해도, 미국의 유력 대통령 후보들은 정부가 보편적 건강보험을 제공할 수 있다는 아이디어를 애써 외면했다. 오늘 우리는 그것이 가능할 뿐만 아니라 반드시 그래야 하는 이유를 목도하고 있다. 수백만이 일자리를 잃으면서 의료보험까지 잃고 있기 때문이다. 얼마 전까지만 해도, 주류 경제학자들은 역사적으로 낮은 실업률이지만 완전고용에는 한참 멀었고, 수백만 명의 사람들이 여전히 좋은 일자리를 찾고 있음을 마지못해 인정했다. 두 자리 실업률을 기록하고 있는 오늘 우리는 이전의 낮은 실업률로 되돌려야 하는 엄중한 과제를 앞에 두고 있다. 2008년 금융위기 이후에 이전 수준을 회복하는 데에 10년 이상 걸렸다. 이번에는 얼마나 오래 걸릴까?

이 책은 통상적인 경제 안정화 접근법을 비판한다. 이 접근법으로는 시간이 오래 걸리고 고통스러운 일자리 없는 경제 회복만을 낳는다. 그리고 우리는 다음과 같은 익숙한 도전에도 대응해야 한다. 내일 경제학자들은 우리 경제의 "자연 실업률"이 영구적으로 높아졌다고 주장할 것인가? 공공 정책이 할 수 있고, 의당 해야만 하는 일, 즉 실업자를 고용하는 일이 절망적으로 실패했다는 사실을 두고 주류 경제학자들은 "구조적 실업"이라는 진부한 변명을 늘어놓을 것인가?

지금은 일자리보장제(Job Guarantee)가 그 어느 때보다 필요한 시기이다. 이 책은 일자리보장제가 낳을 강력한 편익과 그 실행을 위한 청사진을 제시한다. 이 제도의 설계는 감염병 대응 정책이 취하는 방식과 정확히 같다. 즉, 대비와 예방을 정책 목표의 최우선으로 삼는 방법이다. 수십 년 동안 지속된 긴축정책은 공공부문의 핵심 프로그램과 서비스, 제도적 역량을 훼손했다. 그 결과 우리는 이러한 전염병과 이에 뒤이은 사회적 위기에 한심하게도 무방비 상태에 남겨졌다. 대중들은 정부재정이 고갈될 수 있다는 미신에 홀려 긴축정책을 수용했다. 하지만 미국 정부는 거의 하룻밤 사이 2.2조 달러에 달하는 감염병 대응 정책 패키지를 통과

시켰고, 양당의 합의에 따라 추가 지출도 허용하기로 했다. 세계 많은 나라들도 이와 동일한 정책을 시행하고 있다. 재정정책 재원을 마련하는 일은 결코 문제였던 적이 없다. 대신, 핵심 정책을 지원하고자 하는 정치적 의지가 문제였다.

내일, 정치인들이 "이 제도를 실행하기 위한 재원은 어떻게 마련할 것입니까?"라고 묻는다면, 그 답은 항상 다음과 같다. "감염병 대응 재원을 마련한 것과 정확히 같은 방식으로". 이 위기를 막는데 필수적인 정책 재원을 마련할 수 있다면, 일자리, 주택, 의료보험, 녹색경제 등을 위한 재정 또한 충분히 감당할 수 있다. 지금 진행되고 있는 감염병 창궐 이전에도 사람들에게 너무나 큰 고통을 주고 삶을 황폐화한 경제적 문제와 불평등, 이것이야말로 우리가 감당할 수 없는 것들이다.

::

역자 서문

이 책은 지금까지 제시된 개혁 의제 중 가장 강력하면서도 실행 가능한 대안을 제시한다. 국가(정부)가 시민 모두에게 일자리를 보장하자는 제안이다. 자본주의 사회에서 가장 중요한 문제는 실업이다. 실업은 경제적 문제일 뿐만 아니라, 사회 문제 대부분의 원인이라 해도 과언이 아니다. 따라서 실업을 해소할 수 있는 대안은 더 나은 사회를 위한 근본 처방이라 할 수 있다.

자본주의 역사에서 실업은 항상 존재해 왔고, 최근으로 올수록 악화되고 있다. 실업은 소득을 단절시켜 개인과 가족, 나아가 사회 전체의 생존을 위협한다. 기존의 실업 대응 정책 대부분은 기업과 노동 시장에 의탁하고자 했다. 가령, 고용 확대를 유도하기 위해 기업에게 보조금을 제공하거나, 노동 시장 규제를 완화하고자 했다. 이런 정책 방향은 기업과 시장만이 일자리를 창조한다는 믿음에 기초한다. 하지만 오랜 경험으로 체감할 수 있듯, 시장 의존적 정책은 실패했다. 더 이상 일자리를 시장과 민간 기업에 의존할 수 없다. 대신, 정부가 직접 충분한 일자리를 만들어 모든 실업자에게 제공해야 하고, 그것은 가능하다.

이 책은 '일자리 보장제'를 소개하는 단행본 『The Case for a Job Guarantee』를 완역한 것이다. 이 책이 제안하는 '일자리 보장제'란 정부가 최종 고용자로서 일할 의지와 능력이 있는 모든 사람에게 안정적 생활이 가능한 생활임금을 지급하는 일자리(취업)를 보장하자는 구상이다. 일자리 보장 프로그램 참가자는 돌봄과 지역 공동체 재건 활동 등 지역 사회의 미충족 욕구에 봉사하는 사회 서비스를 제공하는 일을 한다. 또한, 산업과 사회 전반의 녹색전환에 이바지한다. 가령, 탄소배출 제로 경제로 전환하면 기존 화석연료 중심적 산업은 폐쇄되거나 축소되어 관련 일자리 또한 크게 감소할 것이다. 이 과정에서 실직한 노동자의 일자리와 소득 단절을 막는 일은 녹색전환 전략이 풀어야 할 가장 중요한 숙제 중 하나이다. 일자리 보장제가 그 완충 역할을 담당할 수 있다.

모든 실업자(구직자)를 수용할 만큼 일자리가 충분한가? 그렇다. 소위 4차 산업 혁명 등 노동 절약적 기술 발전이 일자리 수를 줄이고 있다고 말한다. 하지만 이는 '이윤을 낳는 일자리'가 줄어든다는 말이지, 인간 사회 일반을 유지하고 풍요롭게 하는 '일거리' 자체가 감소한 적은 없다. 오히려 기술과 생산력이 발달하고 물질적으로 풍요로워질수록, 더 많은 일거리가 생겨난다. 문화·예술 활동과 돌봄 서비스가 대표적이다. 시장과 정부는 이 핵심 역할을 방치해 왔지만, 협동조합, 사회적기업, 시민단체, NGO 기구, 다양한 봉사 단체 등이 이미 일정 정도 그 역할을 대신하고 있다. 이렇게 이미 존재하는 자발적 시민 활동들을 일자리 보장제 프로그램으로 수용하여 확장하면, 생활임금을 보장하는 안정적 일자리를 충분히 만들 수 있다.

이 책의 저자 페브리나 체르네바(P. Tcherneva) 교수는 '일자리 보장제' 대안을 개발하고 발전시킨 가장 중요한 경제학자 중 한 명이다. 크게 보면, 일자리 보장제를 제안한 경제학 조류는 요즘 세간의 관심을 끌고 있는 '현대화폐이론'(MMT, Modern Monetary Theory) 주창자들이다. 저자는 경제학 대학원(University of Missouri-Kansas City는 MMT의 창시자 중 한 명으로 불리는 L. Randall Wray 교수가 재직하는 대학이다) 시절부터 MMT 입장에서 현대 통화제도와 재정정책을 연구했다. MMT 이론에 따르면, 주권통화를 보유한 정부의 재정은 고갈될 수 없다. 이는 그러해야 한다는 규범적 명제가 아니라, 실제 정부 재정이 집행되는 과정을 관찰하고 분석한 결과이다.

금이나 은 등의 실물이 아니라 명목화폐(fiat money)가

'돈'으로 사용되는 현대 통화제도에서 정부는 지출할 때마다 새로 돈을 창조한다. 흔히 세금이 정부 지출의 재원이라 말하지만, 사실이 아니다. 이를 증명하는 단적인 예로, 세금을 걷으면 그만큼의 '통화량'이 감소한 것으로, 반대로 정부가 지출하면 통화량이 증가한 것으로 기록한다. 즉, 정부가 지출할 때마다 새로운 돈이 창조되어 세상에 나타나고, 세금은 그중 일부를 회수하여 폐기하는 절차이다. 이는 정부가 화폐 사용자가 아니라 '발행자'라는 의미이다.[1] 돈을 발행하는 정부의 금고에 돈이 고갈될 수 있다는 주장은 어불성설이다.

자국 통화를 발행할 수 있는 정부에게 재정적자란 그저 지출한 돈보다 세금으로 걷은 돈이 적었음을 의미하는 '장부상 기록'일 뿐이다. 정부의 재정적자는 대개 민간 경제에 해로운 것이 아니라, 오히려 도움이 된다. 경제가 성장하면 더 많은 돈이 필요해지는데, 정부 재정적자는 이를 보충하기 때문이다. 그렇지 않으면, 경제 성장으로 더 많이 필요해진 돈을 민간부문이 부채로 충당해야 하는데, 민간 부채는 항상 문제를 일으키곤 한다. 2008년 글로벌 금융위기의 원인이 과도한 가계 부채였다.

---

1 더 자세한 설명은 역자의 졸저 『나라가 빚을 져야 국민이 산다』(진인진, 2020)를 참조할 수 있다.

정부의 재정적자가 큰 문제가 아니라고 전제하면, 정부의 정책 여력은 크게 확대된다. 이것이 MMT가 주는 가장 중요한 정책적 함의이다. '긴축을 멈춰라!' 그렇다고 정부가 무한정 지출하거나, 다른 말로, 정부가 구매할 수 있는 실물 자원이 무한하다는 말은 아니다. 활용할 수 있는 실물 자원 이상으로 (정부 지출을 포함한) 수요가 증가하면, 심각한 인플레이션이 발생할 수 있기 때문이다. 그럼 정부는 얼마나 더 지출할 수 있을까? 이에 대한 답은 '실업이 없어질 때까지'이다.[2]

실업이 어떻게 불평등과 빈곤을 만들어내는지, 그리고 불평등과 빈곤이 어떻게 인간 사회를 파괴하는지 인지하고 이해한다면, 실업을 해소하기 위한 적극적 재정정책은 너무나 당연하다. 더구나, 이 책에서도 소개하는 연구 결과에 따르면, 일자리 보장제를 위해 필요한 예산도 GDP의 1~1.5%로, 인플레이션을 우려할 만큼 부담스러운 수준이 아니다. 여기에 시장과 기업에 의존해 온 기존 실업 대책이

---

2   MMT 지지자들이 '증세'를 무의미하거나, 거부하는 것은 절대 아니다. 이들 대부분은 증세를 적극 지지한다. 하지만 그 이유는 '정부 지출의 재원을 마련하기 위해서'가 아니다. 불평등을 완화하고 공공의 경제 통제력(특히, 통화가치의 안정적 유지)을 유지하며, 바람직한 경제활동으로 유도하기 위한 인센티브로서 증세를 지지한다.

실패했다는 점을 더하면, 정부가 최종 고용자로 모든 실업자를 직접 고용해야 한다는 제안은 너무나 자연스러운 결론이다. MMT 지지자들이 '정부의 재정이 아니라, 경제가 균형을 달성하게 하라'(Balance the economy, but not the budget)라고 주장할 때, 경제적 균형이란 '실업 해소'를 말한다. 이 책과 저자는 이와 같은 경제학적 발전의 정점에 있다.

감사의 말

'저자가 전달하려는 의미(감성까지 포함하여)에 가장 적합한 한국어 표현을 찾는 일'을 번역이라 부르고 싶다. 번역에 실패하면 저자와 독자 모두에게 민폐란 점도 잘 알고 있다. 내가 가진 재주가 의미파악과 한국어 표현 모두에 서툴다는 점을 인정하지 않을 수 없었고, 그래서 번역이 썩 내키는 작업은 아니다. 하지만 한국 사회는 이 책의 제안을 간절히 기다리고 있고, 내가 직접 책을 쓰기까지는 시간이 다소 걸릴 듯 하여, 우선 급한대로 번역서를 내놓게 되었다. 읽기에 불편한 부분이 있다면, 차후 수정을 약속한다.

이 책의 번역을 결심한 작년 여름만 하더라도, 우리나라에 '일자리보장제'에 관심을 가진 사람은 거의 없었다. 이

책으로는 돈벌이가 시원찮을 것임을 알면서도 기꺼이 출판을 결정했을 뿐만 아니라, 까다로운 저작권 처리 절차와 편집 과정을 훌륭하게 수행하신 김태진대표님과 편집진에게 감사의 말씀을 전하고 싶다. 개인적으로, 이런 불편하고 고독한 작업을 하는 동안 사랑하는 딸 수민이가 가장 많이 떠올랐다.

서론

> 우리가 감히 어쩌지 못하는 이유는 그 일이 어렵기 때문이 아니다. 그 일이 어려운 이유는 우리가 감히 어쩌지 못하기 때문이다.
>
> -Seneca

"인생에 보장된 것은 없다"라는 말은 "진정으로 원하는 것이 있으면, 그것을 얻기 위해 열심히 일해야 한다"라는 말만큼이나 익숙한 후렴구이다. 하지만 우리가 진정 원하는 것이 번듯하고 급여 수준이 높은 일자리라면? 인생에는 보장된 것이 없기에 그런 일자리를 찾을 수 없다면?

이것이 일자리보장제가 풀고자 하는 역설이다. 이는 개인적 환경이나 경제 상황과 무관하게 일자리를 찾는 사람이라면 누구에게라도 고용 기회를 제공하는 공공정책이다. 이 제도가 시행되면 실업 사무소(unemployment office)

[우리나라 일자리 센터처럼 '실업자'를 대상으로 관련 서비스를 제공하는 기구 혹은 기관-역자]는 고용 사무소(employment office) [일자리보장제 프로그램에 참여하는 사람들(취업자)을 대상으로 하는 기구 혹은 기관을 의미-역자]로 전환되고, 돌봄, 환경, 재활, 소규모 인프라 건설 등 다양한 공공 서비스 분야에 자발적으로 참여하여 취업할 기회가 제공된다. 일자리보장제는 일자리를 보장하는 공공정책이다.

이 정책 제안에서 **보장**이란 일자리를 찾는 사람 누구에게나 항상 기본적인 취업을 보장한다는 확약을 의미한다. 또한, 이 제안에서 **일자리**란 말은 또 다른 역설을 염두에 두고 있다. 현대 세계에서 유급 노동은 삶을 규정지을 만큼 필수 불가결하지만, 많은 사람에게 그것은 배제적이고, 고통스럽고, 가혹하다. 일자리보장제에서 일자리라는 용어는 이 모든 것을 변화시키려는 목표를 함축한다. 그런 변화는 생활임금(living-wage)이 제공되는 번듯한 일자리가 노동 표준으로 자리를 잡음으로써 가능하다. 이렇게 되면, 공공정책, 노동 경험의 성격뿐만 아니라 노동의 의미 자체가 달라질 길이 열린다.

일자리보장제는 특히 경제적 불안정성의 두 가지 측면, 즉 (장기와 단기) 실업과 (불안정하고 불평등한) 저임금 고용 문제를 해소한다. 노동시장에는 이 외에도 임금 갈취, 차별, 빈곤, 소득 정체 등의 문제가 있다. 또한, 저렴하고 질 높은 식료품, 돌봄, 주택, 교육 등이 부족하고, 기후변화로 인한 황폐화로부터 사람들을 보호할 수단도 부족하다. 이 모두가 경제적 불안정을 낳는 요인이다. 어떤 의미에서 일자리보장제는 그 성격과 설계상 협소하고 분명한 목표(일자리를 구하는 사람 모두에게 온당한 급여가 지급되는 괜찮은 일자리를 제공하는 일)를 갖고 있지만, 더 광범위한 사회경제적 문제를 해결하고 더 공정한 경제로 나아가는 데에도 도움을 준다.

궁극적으로, 일자리보장제는 돌봄 정책이다. 이는 경제적 스트레스를 겪고 있는 사람, 망가진 지역 공동체, 위험에 처한 환경 등이 불행한 일이긴 하지만 시장경제에서는 어쩔 수 없는 부차적 피해라는 관념을 근원적으로 기각한다.

취업권(right to employment)을 보장하기 위해 공공정책을 활용해야 한다는 아이디어는 새로운 것이 아니다. 이 생각의 긴 역사와 질긴 생명력은 심오한 윤리적 기초로부터 나온다. 취업권은 세계인권선언(Universal Declaration of Human Rights)과 프랭클린 루스벨트 대통령이 제안한 경제적 권리장전(Economic Bill of Rights)에서 확정되었고, 시민권 투쟁의 역사에서 중대한 이슈였고, 많은 나라의 (세계인권선언으로부터 영감을 받은) 헌법에도 새겨져 있다. 하지만 국가의 강제적 책무로서의 일자리보장은 아직 실현되지 않았다. 미국의 경우, 1946년의 고용법(Employment Act of 1946)과 1976년의 완전고용과 균형성장에 관한 법률(Full Employment and Balanced Growth Act of 1976)의 초안자들이 일자리보장을 [정부의-역자] 의무조항으로 삽입하려 했지만, 결국 실패했다. 이처럼 보편적 일할 권리가 부재한 상황에서, 세계는 일시적 직접 고용 프로그램으로 그 공백을 메우고자 했고, 많은 경우 불완전하긴 했지만 뚜렷한 성공을 거두기도 했다.

오늘날 일자리보장제는 "그린뉴딜(Green New Deal)에서 가장 중요한 부분"으로[1] 환영받으면서, 경제·사회적 정의 없이는 환경 정의도 달성될 수 없다는 메시지를 전달하고 있다. 그린뉴딜과 일자리보장제는 겉으로는 별개로 보이지만 사실은 근본적으로 구분되기 어려운 실존적 문제들, 즉 기후변화와 경제적 불안정을 해소하려는 목적을 갖는다. 가족과 지역 공동체 전체가 계속해서 빈곤, 실업, 경제적 스트레스로 절망적 죽음(death of despair)을 경험한다면, 지구 온난화의 위험이 완화되는 녹색 미래가 실현된들 다 무슨 소용이란 말인가? 반대로, 모두에게 보수가 높은 일자리가 보장되지만, 우리가 의존할 수밖에 없는 자연환경을 계속해서 착취하고 황폐화하는 경제란 어떤 종류의 경제란 말인가?

---

1 Robinson Meyer, "The Democratic Party Wants to Make Climate Policy Exciting," *The Atlantic*, December 5, 2018.

일자리보장제는 그린뉴딜보다 훨씬 이전부터 제안되었지만, 항상 **녹색** 사회를 지향해 왔다. 루스벨트의 나무군대(Tree Army) 시절부터 이 책에서 제시하는 현대적 제안에 이르기까지 환경보존과 공동체 회복을 정책의 최우선 목표로 삼았다. 그린뉴딜은 녹색 경제로 전환하여 미래 세대에게 살기 좋은 지구를 물려주기 위해 고안된 의욕적인 정책 의제이다. 일자리보장제는 기후변화에 대한 과학적 대응에 경제·사회적 정의를 불어 넣는다. 이는 이러한 전환에 단 한 사람도 뒤처지지 않도록 하려는 정책으로, 녹색 의제에서 빼놓을 수 없는 부분이다. 이는 거시경제 정책과 사회 안전망을 개혁하는 일로, 수십 년 동안 지속되어 온 노동시장 문제와 녹색화 과정에서 불거질 수 있는 혼란에 대한 대응이기도 하다. 간단히 말해, 일자리보장제는 환경을 보호하고 경제적 전환을 추구하면서도, 노동 대중을 보호하고 노동 경험 자체를 변화시키려는 정책 제안이다.

　　이 책은 일자리보장 방안을 제시하고, 이것이 왜 환경운동에 꼭 필요한 정책인지 설명한다. 이 책은 또한, 그린뉴딜이 그 임무를 완수한 이후에도 시장경제에는 여전히 일자리보장제가 필요하다고 주장한다. 이 제도가 경제적 충격을 흡수하는 강력한 경제 안정화 장치로 기능하기 때문이다. 이런 기능은 어쩌면 이 정책이 갖는 가장 중요한 거시경제적 특징이라 할 수 있을 것이다. 삶을 유지하는 데 유급 노동이 필수적이지만, 그것이 믿을 만한 살림살이 보장 수단이 되지 못한 산업화 시대에는 이런 장치가 부재했다. 침체한 경제가 회복되었지만, 그에 부응하여 실업은 줄어들지 않았던 전후 시기에 그러했다. 신자유주의 정책이 노동자의 핵심 권리를 약화시키고, 실업을 활용해 물가를 관리하는 오늘날에도 그러하다. 일자리보장제는 환경이 회복 불가능할 만큼 오염되기 이전부터 필요했던 정책이기도 하고, 환경이 깨끗이 청소된 이후에도 여전히 필요한 정책이다.

이 책이 명확히 제시하는 녹색 일자리보장제의 비전은 일자리 창조를 환경 보존과 결합한다. 이 비전에서 **녹색 정책**이란 모든 형태, 특히 [실업이 유발하는-역자] 인적 자원의 폐기와 황폐화를 해소하는 정책으로 정의된다. 녹색 정책은 경제적 스트레스, 실업, 특히 불안정 노동이 일으키는 방치와 낭비의 문제를 치유해야 한다. 노벨 경제학상을 수상했던 고(故) 윌리엄 빅크리(William Vickrey)가 주장했던 것처럼, 실업은 "가장 좋게 보더라도 공공 기물 파괴(vandalism)와 같아서" 가늠하기 어려울 만큼 큰 비용을 수반하고, 개인, 가족, 공동체를 파괴한다.[2] 하지만 실업이 "정상적인 상

---

2 William S. Vickrey, *Full Employment and Price Stability: The Macroeconomic Vision of William S. Vickrey*, edited by Mathew Forstater and Pavlina R. Tcherneva, Edward El-

태"란 관념이 퍼져 있다. 주류 경제학자들은 실업을 "자연적인 것"이라 부르며 "최적의" 실업 수준을 유지하는 정책을 조언하곤 한다.

비자발적 실업이 불행한 일이긴 하지만 불가피하다는 관념, 그리고 경제가 원활히 기능하기 위해서는 적당한 수준의 실업이 존재해야 한다는 관념 등은 엄격히 검증되지 않은 심각한 '미신' 중 하나이다. 이런 관념을 퍼뜨리는 경제학은 매우 나쁜 경제학이다.

경제 문제를 분석하고 진단하기에 앞서, 이 책은 일자리보장제 정책의 정당성을 이해하기 위해 하나의 사고실험으로부터 출발하고자 한다. 스스로에게 이런 질문을 해보자. 매우 현실적인 의미에서 일자리보장제가 어떤 모습일지 상상해 보라. 일자리가 보장된다면 실업자들과 그 가족들에게 어떤 영향을 미치게 될까? 여기서 우리는, 이 프로그램이 어떤 조건에서 누구에게 필요하고, 어떤 종류의 프로젝트가 기본 생활임금 보장 일자리를 제공하고 실업에서 벗어나도록 할 수 있을지를 생각해보려 한다.

이런 피부에 와 닿는 접근법이 필요한 이유는 실업이 너무나도 추상적이고 비인격적인 개념이 되어 버렸기 때문이다. 일자리를 잃는 것보다 비인간적인 일은 없다. 하지만

---

gar, 2004.

주류 경제학자와 정책 결정자 대부분은 실업을 기상학자가 날씨 이야기하듯 한다. 이들은 실업을 마치 어떤 자연스러운 현상처럼 간주하고, 실업보험과 같은 한시적 보호를 제공하는 일 외에는 정부가 할 수 있는 일이 없다고 믿는다. 경제가 오랫동안 힘겨운 침체를 지나는 동안 수백만의 사람들이 일자리 없이 견뎌야만 할 것이지만, 날씨가 맑아지면 실업은 다시 감소하기 시작할 것이다. 현재에도 세계화와 기술변화는 여전히 중단없이 전진하고 있고, 이에 따라 노동 대중 중 일부는 어쩔 수 없이 (구조적) 실업 상태로 남아야 한다. 그들이 실업을 말하는 방식은 이런 식이다.

따라서 세계화된 세상에서 실업은 참을 수 있는 자연적 현상으로 탈인격화되고 내면화된다. 실업이 사람의 문제로 다루어질 때는 오직 실업을 개인적 책임으로 돌리고 실업자들을 비난할 때뿐이다. 이것이 이 책이 정체를 폭로하고자 하는 또 하나의 미신이다. 경제 상황이 양호할 때에는, 실업자들의 게으름(즉, 실업자들이 자기계발을 하지 않음)이나 윤리적 타락(약물 남용, 전과, "나쁜 선택" 등)이 실업과 빈곤의 원인이라 믿어진다. 이러한 비난을 통해, 실업이 되살아나더라도, 인간 사회가 해결해야 할 문제로 간주하지 않는다.

이 책을 읽는 독자 일부도 이런 관점을 공유하고 있을 것이다. 이 책이 그 마음을 변화시키길 희망한다. 경제 사정이 가장 좋을 때조차 괜찮은 일자리 기회는 수많은 구직자에 비해 턱없이 부족하다. 일자리 부족은 구직자들이 통제할 수 없는 겹겹이 쌓인 조건들 탓이다. 그 결과는 심각하게 파괴적이지만, 대개는 피할 수 있는 일들이다. 내가 제기하고 싶은 질문은 다음과 같은 것들이다. 경력, 직업교육, 개인이 처한 상황 등 이유 불문하고, 그리고 경제 상황이 좋든 나쁘든 "윤리적으로 타락했든 아니든", 일할 의도가 있는 모든 사람에게 취업 기회를 보장하는 체제는 어떤가? 그런 경제란 어떤 모습일까? 하늘이 무너질까? 그런 경제는 현재 우리가 직면하고 있는 경제보다 더 나쁜 경제일까? 반대로, 그런 체제는 지금까지 우리가 생각해보지 못한 엄청난 혜택을 제공할까? 일자리를 보장하는 공공정책이 시행되는 세상은, "경제 상황이 좋을 때"조차 수백만 명이 괜찮은 일자리를 갖지 못한 채 살아가는 지금의 세상보다 더 나쁜 세상일까? 또는, 일자리보장제가 경제적 보장과 안정을 위한 새로운 토대가 될 수 있을까?

이런 질문들에 답하기 위해, 제1장은 매우 단순한 제안을 제시한다. 즉, 실업 사무소(소위 미국 일자리 센터)가 수요만 있으면 언제든지 생활임금을 지급하는 고용 기회를 보장하는, 진정한 의미의 고용 사무소로 기능하도록 하자. 그 일자리들은 공공 서비스를 제공하는 일에 봉사할 것이다.

제2장은 실업자들이 노동시장에서 경험하는 진퇴양난의 곤경을 기록한다. 이 장은, 일자리에 대한 권리도 노후보

장에 대한 권리나 초중등 교육에 대한 권리와 동일하게 간주해야 한다는 도발적인 제안을 제시한다. 실업을 "자연적"이고 "불가피한" 현상으로 가정하고 행해지는 현대의 미세조정(fine-tuning) 통화·재정정책은, 위에서 언급한 것처럼, 사람, 공동체, 환경에 대해 대량 파괴를 저지르는 짓이다. 실업의 사회적, 경제적, 환경적 비용을 고려해보면, 실업은 이미 "너무나 큰 비용"을 지불하고 있다는 사실이 분명해진다.

제3장에서는 일자리를 보장하는 일이 새로운 사회계약(social contract)을 함축한다고 주장한다. 또한, 그것은 오랜 전통을 가진 정부 보장 정책 중 하나인 거시경제 안정화 정책의 일부이다. 일자리보장제는 여타 공공 정책과 가격 안정 제도의 핵심 특징들을 결합함으로써, 경제 작동 방식의 변화를 유도하는 전환 효과(transformative effects)를 불러올 것이다. 이 정책은 모든 노동 대중에 타협할 수 없는 생활임금 하한선을 설정하여 새로운 노동 표준을 확립하게 될 것이다. 동시에, 이 제도는 고용, 인플레이션, 정부재정 등을 지금보다 훨씬 효과적으로 안정시킬 것이다. 이는 또한 경제 안정화 수단을 실업이 아니라 고용으로 영원히 대체할 것이다[현대 재정·통화정책은 '실업률'을 조정하여 경기를 조절하도록 구성되어 있다. 예컨대, 경기가 과열이라 판단되면, 정책 당국은 실업을 증가시키는 정책을 통해 경기 과열을 억제하고자 한다. 즉, 개인과 가족에게는 생존의 문제가 걸린 실업을 경제정책 수단으

로 활용하고 있다는 말이다. 반면, 이 책은 이런 야만적 방식이 아니라, 일자리보장제가 수용하는 고용량을 경제적 충격을 완화하는 수단으로 활용할 수 있다고 제안한다. 이는 '항상' 완전고용 상태를 유지하면서도 경제 안정화 정책을 시행할 수 있다는 뜻이다. 예컨대, 경제가 호황이면 민간부문의 고용은 증가하고, 일자리보장 프로그램에 참여하는 노동은 감소할 것이다. 반대로, 경제가 침체하면 민간부문 고용이 감소하고, 일자리보장 프로그램 참여자가 증가할 것이다. 결국, 경제적 충격이 왔을 때 민간 경제가 방출하는 노동을 일자리보장 프로그램이 흡수하여 그 충격을 상쇄한다. 즉, 여기서는 일자리보장 프로그램이 버퍼로 기능하여, 경제 상황과 무관하게 항상 완전고용 상태를 유지할 수 있게 된다-역자]. 이 장은 일자리보장제가 낳을 부수적인 긍정적 효과들도 제시한다. 그 일부만 나열하면, 지방정부 재정, 불평등, 서비스 부문 고용, 유급 노동을 추구하지 않는 사람들의 삶 등에 미치는 긍정적 영향이 있다.

제4장은 비용과 관련하여 제기되는 질문에 답하면서, 정부재정에 대한 새로운 관점을 제시한다. 이를 통해 각종 보장 정책들 대부분은 왜 중앙정부가 담당하는지를 설명한다. 이 장은 "공공 지갑의 권능"(power of public purse)이라는 말의 경제적 의미를 설명하고, **실물 자원 제약**(real resource constraint)을 **인위적 예산 제약**(artificial financial constraint)과 구분하여 설명한다. 이 장은 또한 일자리보장제에 필요한 예산 규모를 추정하고, 이 제도가 미국 경제에 미칠 영향을

평가하는 거시경제 모의실험(simulation) 결과를 제시한다.

제5장은 이 제도의 설계와 실행방안에 관련된 질문으로 돌아가 여기서 제시하는 정책안과 여타 정책과의 차별성을 설명한다. 이 장은 일자리보장제가 왜 태생적으로 **녹색** 정책인지를 설명하고, 분권적이고 자발적 참여에 기초하여 개발되고 관리되는 특정 프로젝트의 예를 제시한다. 일자리보장제는 환경, 사람, 공동체에 돌봄 제공을 정책목표의 최우선에 두는 국가돌봄법(National Care Act)으로 체계화되어야 한다. 이 장은 또한 빈번히 제기되는 질문들에 답하고, 실제로 시행됐던 이와 유사한 일자리 창조 프로그램들로부터 얻을 수 있는 중요한 교훈을 강조한다.

제6장은 결론 장으로, 이 제도에 대한 대중의 압도적 지지와 그린뉴딜과의 공생적 관계를 조명한다. 이 장은 기후 담론에서 발견할 수 있는 "일자리 보장하기"(guaranteeing jobs)라는 용어와 어떻게 다른지 명확히 구분하고, 우리의 일자리보장제 제안을 녹색 의제 안에 위치시킨다. 또한, 지구 온도가 안정되는 탄소배출 제로의 세상에서도 일자리보장제가 왜 여전히 필요한지 설명한다. 마지막으로, 국제 정책 공조체계에서 이 제도가 차지하는 위상과 역할에 관한 몇 가지 사항을 논의하며 이 책을 마무리한다.

제1장
좋은 일자리를 위한 공공정책

2008년 금융위기 이후 미국의 실업률이 그 이전 수준인 3.8%로 회복하는 데 약 11년이나 걸렸다. 아직도 수백만 명이 일자리를 찾지 못하고 있다. 2020년 2월 공식 통계에 따르면, 미국의 실업자는 580만 명이지만, 실제로 일자리를 구하지 못하는 인구는 그 두 배 이상에 달할 것이다.[1] 실업의 고통은 모두에게 같지 않다. 청년, 저소득층, 장애인, 유

---

1 더 넓은 의미의 실업자에는 취업을 원하지만 조사가 이루어진 주(week)에 구직활동을 하지 않은 사람들, 또는 전일제(full-time) 일자리를 찾을 수 없어 파트타임으로 일하고 있는 사람 등이 포함된다. 더 자세한 사항에 관해서는 다음 연구를 참조하면 좋겠다. Flavia Dantas and L. Randall Wray, "Full Employment: Are We There Yet?", Levy Economics Institute, Public Policy Brief No.142, 2017

색인종, 퇴역군인, 전과자 등에게 실업은 특히 가혹하다.

경제성장은 모든 배를 들어 올린다지만, 지난 반세기 내내 일자리 없는 성장이 새로운 표준으로 자리 잡았다. 존재하는 일자리라도 보수는 점점 각박해졌다. "경제가 성장할 때, 이익은 누구에게 돌아가는가?"라는 질문에 답을 찾다 보면, 충격적인 진실을 발견하게 된다. 제2차 세계대전 이후의 시기에는 매번의 경기침체 이후 경제는 다시 확장되었고, 그 편익의 대부분이 하위 90%의 가계에 돌아갔다. 하지만 지난 네 번의 경기 확장기에서는 정반대의 현상이 벌어졌다(그림 1).[2] 1980년대에 들어서면서부터 경제성장은 주로 상위 10% 가계의 소득을 증가시켰다. 이러한 추세는 점점 더 악화되어, 2008년 금융위기 이후 경제가 확장하기 시작한 처음 3년 동안 하위 90% 가계의 평균 실질임금은 오히려 **하락**하기도 했다.

오늘날 수백만 명의 사람들이 일자리를 찾지 못하고 있고, 또 다른 수백만은 빈곤선 이상의 급여를 바라고 있다. 지난 수십 년 동안 임금이 정체됐다. 2017년 하위 90% 가계의 평균 실질소득은 34,580달러인데, 이는 20년 전보다

---

2 Pavlina R. Tcherneva, "Reorienting Fiscal Policy: A Bottom-up Approach," *Journal of Post Keynesian Economics*, 37(1), 2014: 43-66.

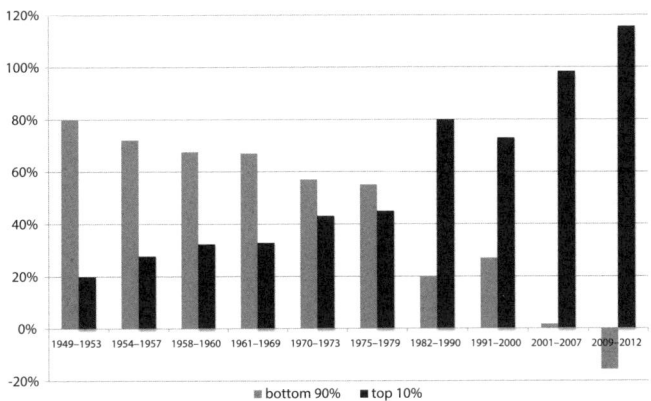

그림 1 경기확장기 평균 소득 증가의 분배
출처: Pavlina R. Tcherneva, "Reorienting Fiscal Policy: A Bottom-up Approach," *Journal of Post Keynesian Economics*, 37(1), 2014: 43-66.

2.2% 낮은 수준이다. 이와는 대조적으로, 같은 기간 최상위 0.01% 가계의 평균 실질소득은 60.5% 증가했고, 하위 90% 가계보다 거의 556배 높다(자본이득까지 포함하면 1,000배 높다) (표 1).[3]

실업과 불평등 수치 이면에는 일자리 부족과 저임금 문제를 해결하려 고군분투하는 매우 다양한 실제 사람들의 얼굴, 체험, 애환이 가려져 있다. 어쩌면 이 책을 읽는 독

---

3 T. Piketty and E. Saez, "Income Inequality in the United States, 1913-1998," *Quarterly Journal of Economics*, 118(1), 2019 [2003]: 1-39

표1 걷잡을 수 없는 불평등(단위 $, %)

평균실질소득 (자본이득 제외)	하위 90%	상위 10%	상위 1%	상위 0.01%
1997년	35,357	227,843	806,585	11,986,014
2017년	34,580	282,921	1,075,058	19,235,681
변화(%)	-2.2	24.2	33.3	60.5

출처: T. Piketty and E. Saez(2019 [2003])의 자료를 이용해 저자 계산

자도 그런 사람들 중 한 명일 수 있고, 주변에 그런 사람을 알고 있을지도 모른다. 어쩌면 당신도 2008년 금융위기 와중에 실직했고, 지금은 공과금을 내기 위해 파트타임으로 투잡을 뛰고 있을 수도 있다. 누군가는 고등학교를 졸업했지만, 대학 등록금을 마련하기 위해 저축하고 있을지도 모르겠다. 어쩌면 전업주부로만 살았던 어떤 부모는 두 자녀가 떠나 독립하자, 이제 취업하고 싶지만, 수십 년 전 마지막 직장 이후 취업해본 적이 없어서 어디서부터 시작해야 할지 몰라 당황하고 있을 수도 있다. 누군가는 이미 215통의 이력서를 보냈지만,[4] 지금처럼 "호황을 누리는 경제"에서도 온당한 급여가 지급되는 안정적인 일자리를 찾지 못하고 있을 수도 있다. 이는 나이, 성별, 피부색 때문일 수도

---

4 Nina McCollum, "What I've Learned About Unemployment and Being Poor After Applying for 215 Jobs," *HuffPost*, July 26, 2019

있고, 또는 전과기록 때문일 수도 있다. 어쩌면 누군가는 일하고 싶지만 그럴 수 없는 장애인이어서, 일자리를 얻는 일이 불가능해 보일 수 있다. 이 경우, 설사 취업을 한다고 하더라도 현행법은 시간당 1달러의 급여만 지급해도 되도록 규정하고 있다.[5] 어쩌면 기업들이 "더 나은" 구직 희망자를 찾고 있을 수도 있다. 구인 광고를 보고 이메일을 보내며 계속해서 다음 문을 두드리지만, 회신 전화는 절대 오지 않는다.

실업 사무소가 있어서 도움을 주려 한다. 여기에서 실업자는 추가 강의를 수강하고, 이력서를 꾸미고, 인터뷰 기술을 익힌다. 이렇게 온 힘을 기울여 취업에 나서 보지만, 다시 실패한다. 또는, 어떻게든 고용되더라도 그 일자리는 의료보험에도 들어주지 않고 급여도 낮은 또 하나의 나쁜 일자리일 수 있다. 현재 많은 일자리의 경우, 가까스로 회의를 마치고 퇴근하지만, 퇴근 시간이 길고 근무시간이 예고 없이 수시로 변경되는 탓에, 가족과 저녁을 함께 하거나 아이들의 숙제를 도와주는 것조차 약속하기 어렵다.

우리는 그 일을 기꺼이 열심히 할 용의가 있지만, 그 일은 우리를 위해 존재하지 않는다. 그래도 이번에는 운이

---

5 Alexia Fernández Campbell, "A Loophole in Federal Law Allow Companies to Pay Disabled Workers $1 an Hour," Vox, May 3, 2018.

좋은 편이다. 실업 사무소가 미어터지게 사람들로 붐비고, 온라인 구인광고조차 "실업자는 지원할 필요가 없습니다"라고[6] 말하던 2009년을 기억하는가?

하지만 어쩌면 당신은 위와 같은 사람이 아닐 수 있다. 어쩌면 당신은 친구들과 비교하면 꽤 괜찮은 직장에 다니고 있을지도 모른다. 급여가 그렇게 많은 것은 아니지만, 회사가 승진을 약속하고 있기 때문이다. 이 직장에 다니며 가족을 부양하고, 몇 달 후에는 2주 동안의 유급 휴가까지 얻을 것이다. 상사가 당신을 괴롭힌다는 점이 유일한 문제이다. 하지만 당신은 그만둘 수가 없다. 당신은 진심으로 이 "안정적인" 직장을 포기할 수 있는가? 휴가가 코앞으로 다가왔고, 이제 거의 바다 냄새를 맡을 지경이 되지 않았는가?

당신이 푸에르토리코(Puerto Rico)에 살고 있는데, 당신의 가게가 허리케인 마리아(Maria)에 휩쓸려 갔다고 해 보자. 많은 사람이 죽었고, 더 많은 사람이 직장을 잃었다. 1년 반이 지난 후에도 이 섬의 12명 중 한 명꼴로 일자리를 찾고 있었다. 또는, 당신은 캘리포니아 산불로부터 간신히 피신했지만, 일자리를 잃었고, 불탄 집에 대해 미연방 긴급

---

6 Liz Goodwin, "Job Listing Say the Unemployed Need Not Apply," Yahoo News, July 26, 2011

사태 관리청(FEMA)이 지원한 재난 지원금도 고갈되어 가고 있다고 가정해 보자. 당신뿐 아니라 홍수와 토네이도가 짓밟은 지역의 많은 사람도 여전히 공과금을 내야 하고, 지역사회를 재건할 돈이 필요하다.

얼마나 더 많은 사연이 있을까? 이런 사례는 미국에만도 수백만, 전 세계적으로는 수억 개가 있을 것이다. 일자리와 생계를 잃는 일은 예외적 환경의 결과이거나 "신의 뜻"이 아니라, 일상적으로 늘 일어나는 일이다. 아웃소싱과 기술변화와 함께 경제의 팽창과 수축은 일상적으로 실업을 만들어낸다. 새로운 고용 기회가 창조되기도 하지만, 경제가 정점에 달했을 때조차 모든 구직자를 수용할 만큼 충분하지는 않다. 한편으로는 많은 노동자가 불안정하고 형편없이 낮은 급여의 일자리에 종사하고 있다. 2018년 기준, 690만 명의 노동자가 공식적인 빈곤선 이하의 급여를 받고 있었다.[7] 수백만 명의 미국인에게 일자리 하나로는 부족하다.

이 모두를 뒤집어, 모든 구직자에게 (최소한) 적절한 생활임금(living-wage)을 지급하는 일자리의 보장을 사회·경제적 목표로 삼으면 어떨까? 이런 전환이 사람들의 삶, 지

---

7 "A Profile of the Working Poor, 2017: BLS Reports," US Bureau of Labor Statistics, United States Department of Labor, April 2019.

역 공동체, 경제에는 어떤 영향을 미칠까?

상상해 보자. 구직자가 실업 사무소로 되돌아간다. 하지만 이제 그 사무소는 자신이 가진 모든 자원에 더해, 지역 사회가 필요로 하는 공공 서비스 일자리 목록을 제시한다. 그 일자리들은 기본 생활임금(예컨대, 시간당 15달러)과 의료 보험, 그리고 저렴하게 이용할 수 있는 양질의 아이돌봄 서비스까지 제공한다. 구직자는 전일제 혹은 파트타임 중 선택할 수 있다. 여기에 더하여, 이 사무소는 현재에도 그런 것처럼, 직업훈련, 자격증 취득, 검정고시 수료, 가족 중심적 사례 관리, 교통비 보조, 상담, 일자리 알선 등 전인적 서비스를 계속해서 제공한다.

이 일자리들[공공 서비스를 제공하는 일자리-역자]은 공동체 혹은 지역 사회의 비영리 기구에서 제공하는 취업 기회들로 구성된다(거주지 근처의 일자리이므로 출퇴근 시간도 줄일 수 있다). 하지만 재원은 중앙정부가 제공한다(재원은 우리가 알 바 아니다, 급여는 급여일 뿐이다). 이를 통해, 어촌 마을의 학교에서 새로운 STEM 교육을 시작할 수 있다. 역사 연구회 모임은 역사적 지도와 기록들을 디지털로 전환하는 작업을 수행한다. 그린뉴딜이 포괄적인 기후 친화적 프로그램을 발주하고, 녹색 인프라 프로젝트는 무궁무진하다. 이 프로젝트 중 하나는 실직자를 고용하여 수년 동안 미뤄온 수도관 교체 작업을 수행한다. 공용 주차장 뒤 공터를 청소하는 데

도 노동자가 필요하다. 지역 공동체 집단들은 퇴역군인, 노숙자, 위기 청소년, 전과자를 위한 자원봉사 활동을 벌이고, 동네 건강 진료소는 수습과정과 직업훈련 기회를 제공한다. 동네 극장에서는 아이들을 위한 방과 후 프로그램과 성인을 위한 야간 강좌가 운영된다.

이 모든 일자리는 일자리보장제가 시행되기 전에는 존재하지 않던 것이고, 이미 운영되고 있는 프로젝트라 하더라도 심각한 인력난에 시달리고 있었다. 우리가 살아가는 지역 공동체가 극심한 기후 재난과 환경 위험으로 고통받아 왔다면, 이 프로그램이 인력을 보강하여 말끔히 청소하고 지역의 화재와 홍수 예방 프로그램을 가동하여 재건 활동을 돕게 될 것이다. 또한, 이 모든 개별 프로그램은 지역 공동체의 필요에 따라 선택 가능한데, 일자리보장제는 지역사회의 편의에 따라 프로젝트를 발주하고 조직하도록 돕는다. 이는 기초 지방정부 및 지역 비영리 단체와 협력하여 조직되고 실행되는 프로그램으로서, 그 어떤 구직자도 외면하지 않는다.

일자리보장 센터는 더 나은 급여를 제공하는 취업 기회(민간부문이든 공공부문이든)로 유도한다. 일자리 보장으로 경제가 성장하고, 새로 창조되는 구직 광고는 이제 승진, 유연한 근무시간, 재택근무 등을 약속한다. 일자리보장 프로그램에 참여하여 경력과 직업훈련을 쌓으면, 민간부문으로부터 더 많은 이직 제의를 받게 될 것이다. 이제 일자리보장 프로그램에 작별을 고하고 더 나은 기회를 향해 떠날 수 있다.

어쩌면 일자리보장제가 전혀 필요치 않은 사람이 있을 것이다. 이들은 고학력에 고급 기술을 갖춘 사람들로, 완전히 다른 전문 경력을 쌓고 있을 수 있다. 그래서, 이들의 직업적 전망은 밝고, 여러 건의 이직 제안을 받고 있으며, 쉽게 이직할 수도 있다. 또한, 고소득을 올려 가족을 잘 부양하고, 일자리보장 프로그램에 참여할 가능성은 생각조차 하지 않고 있다. 하지만 이들도 알아야 할 것은, 이 프로그램의 도움으로 그들 이웃이 재기했고, 아이들이 다니는 학교에 공공 정원(public garden)이 만들어졌고, 지역 도서관에 새로운 프로그램과 지역 공동체 이벤트들이 도입되었고, 근처 하이킹 코스와 해수욕장이 복원되었다는 사실이다.

이런 것들이 실현 가능한 시나리오일 수 있을까? 필요한 사람 누구에게라도 기본적인 고용 안전망을 제공하는 동시에, 모든 지역 공동체(얼마나 작은 마을인가, 혹은 얼마나 외진 곳에 위치하는가 등과 무관하게)가 간절히 **필요로 하고** 주민 모두에게 혜택이 돌아가는 사업을 수행하는 프로그램을 도입하는 일이 가능할까? 이 책의 나머지 장에서, 그 답은 '그렇다'이고, 어떻게 하면 되는지 그 방법에 대해 우리는 이미 많은 것을 알고 있다고 주장한다. 그런 프로그램은 경제적, 사회적, 환경적 측면에서 어마어마한 혜택을 가져다줄 것이다.

어쩌면 이는 감동적인 이야기이고, 공공의 일자리 정책이 가져올 효과가 눈에 선하다. 일자리보장제를 통해 누구든 자신과도 직접 관련된 지역 공동체 프로젝트에서 일자리를 구할 수 있을 것이다. 생활임금을 확보할 대안이 주어진다면, 악덕 고용주에게 "아니오"라고 말할 수도 있다. 또한, 진정 원하는 기회로 이동하기 전에 일자리보장 프로그램이 제공하는 진입단계 일자리에 취업함으로써, 빈약한 이력서 때문에 계속해서 취업에 실패하는 좌절감을 줄일 수 있을 것이다. 생활임금이 지급되는 일자리에 취업하여 먹고 살 수 있으므로, 정부의 식료품 지원(food stamp) 및 기타 구호 프로그램을 신청해야 하는 스트레스도 피할 수 있다. 이와 같은 변화는 단지 일자리보장제가 실업과 불완전 고용 수치 이면에 존재하는 수백만 명의 삶에 가져올 변화에 관한 맛보기일 뿐이다.

어쩌면 이런 이야기에 감흥이 없을 수도 있다. 실제로 실현되기에는 너무 좋지 않은가? "자연 실업률"이라고 부르는 것이 존재하지 않는가? 이에 관해 정부는 진정 무엇을 할 수 있단 말인가? 그런 시도가 행해진다고 해서 일자리가 만들어지기나 할 것이며, 그것이 시장의 유인을 왜곡하지는 않을까? 해고의 위협이 사라지면 사람들이 열심히 일하려 하지 않을 것이란 우려도 있다. 또는, 그런 프로그램이 경제 전체의 생산성을 훼손할지도 모른다. 그리고, 얼마나 큰 비용을 들여야 할까? 수백만 명을 고용하려면 비용이 너무 많이 들지는 않을까? 이하에서 이 모든 우려에 답한다.

실업의 경제학은 나쁜 경제학이다. 실업자와 그 가족이 경험하는 개인적 스트레스를 여기서 모두가 공유할 필요는 없다. 기꺼이 일하고자 하는 사람이라면 누구나 고용하는 접근법이, 일정 실업은 어쩔 수 없다는 전제에서 출발하는 접근법보다 경제적으로 훨씬 나은 방식이란 점만 이해하면 충분하다. 이런 이해를 제공하는 일이 다음 장의 목적이다.

제2장

실패한 현상 유지 정책의 비용

일하고자 하는 사람 모두를 누군가 고용한다면, 실업은 존재하지 않게 된다. 고용의 경제학은 이렇게 간단하다. 통상적으로, 기업이 고용 임무를 담당하는 것으로 간주된다. 미국의 경우 기업들이 전체 고용의 80%를 담당하고 있기 때문이다. 기업의 고용은 수익성에 달려 있다. 소비자들이 찾아와 기업이 만든 물건을 구매하여 이윤이 증가하면, 기업은 고용을 늘린다. 반대로 매출과 이윤이 하락하면, 대량 해고로 이어진다. 하지만 모든 고용의 20% 정도는 금전적 이익보다는 특정 공공의 목적을 충족하기 위해 창조된다. 도로가 정비되어야 하고, 학교에는 관리인이 필요하고, 식료품과 의약품도 점검되어야 하고, 치안과 사법 또한 제공되어야 한다. 다양한 수준의 정부가 비영리 목적으로 고용하는 사업들은 광범위한 공공의 이익에 봉사한다. 여기서 제시하는 주장은, 비자발적 실업자를 고용하는 일은 그 자체로 중요한 공공의 목적을 달성하는 일이라는 사실이다. 실업은 불가피하다거나, 더 나쁘게 말해, 경제적 안정을 위해 꼭 필요한 현상으로 용인하면서, 실업자 고용 정책은 무시되어 왔을 뿐이다.

실업이 어떻게 "자연적"일 수 있을까?

누가 다음과 같이 말한다고 가정해 보자. 경제가 튼튼한 나라에서, 학교에 가고 싶지만 그럴 수 없는 아이들의 최적 비율이 5%이다. 굶어 죽는 인구의 최적 비중은 5%이다. 이상적인 노숙자 비율은 인구의 5%이다. 현대 사회는 문맹, 기아, 노숙자를 근절하기 위해 모든 정책 수단을 동원해야 한다는 도덕적 수준에 도달해 있다. 그렇게 하려고 더 노력할 의무가 있고 실제로 할 수 있다는 점에는 의문이 있을 수 없다. 또한, 정책을 **설계**하거나 **시행**할 때, 이런 사회적 병리 현상의 "최적" 수준이 존재한다고 전제하지도 않는다. 모든 사람에게 학교, 식량, 주거를 보장해야 한다는 것이 현대의 시대적 열망이고 도덕적 책무이다.

그런데도 주류 경제학자들은 실업을 피할 수 없을 뿐만 아니라 경제의 원활한 작동을 위해 필수인 어떤 것이라고 반복해서 주장해 왔다. 그래서 이들은 실업의 "자연적" 수준이 존재한다는 전제에 기초하여 정책을 입안한다.

2019년 제로미 파월(Jerome Powell) 연준 의장은 이를 다음과 같이 간결히 표현했다. "우리에겐 자연 실업률 개념이 필요하다. 우리는 실업이 높은지, 낮은지, 아니면 **적당한 수준**인지에 관한 분별력을 가져야 한다."[1]

유급 일자리를 찾아 고군분투하는 사람의 수가 얼마나 되어야 "적당"할까? 실업률이 "너무 낮고" 노동시장이 "너무 **빡빡**"하면, 기업들은 일할 사람을 끌어오기 위해 임금을 올리고, 이런 비용 인상을 벌충하기 위해 상품 가격을 올리는 상황을 주류 경제학자들은 염려한다. 여기서 더 나아가, 낮은 실업률은 높은 물가상승률 혹은 점점 더 가속되는 물가상승을 유발하기도 한다고 주장한다. 이로부터 '물가상승을 가속하지 않는 수준의 실업률'(Non-Accelerating Inflation Rate of Unemployment, 이하 NAIRU)이라는 경제학에서 가장 투박한 개념 중 하나가 도출된다.

물가상승을 억제해야 하는 중앙은행은 경제가 NAIRU 근처에서 유지되도록 미세조정 정책을 실시한다.[2] 수없이 많은 싱크탱크, 학계, 정부 기구 등이 이 알 수 없는 실업의

---

[1] 2019년 1월 전미경제학회(American Economic Association) 컨퍼런스에서의 발언. 강조는 인용자.

[2] "Why Do Interest Rates Matter?", Board of Governors of the Federal Reserve System, September 9, 2016.

"최적 수준"을 찾는 데 소중한 자원을 낭비하고 있다. 하지만 실제 실업자 수는 경기변동에 따라 오르내릴 뿐이다. 미국 의회예산국(CBO)에 따르면, 제2차 세계대전 이후 전 기간 동안 "자연 실업률"은 4.5%에서 6.5% 사이였지만, 오늘날[이 책이 쓰인 코로나19 창궐 직전-역자] 공식 실업률은 3.5%이다.

파웰 의장이 의회에서 선서하고 인정한 사실, 즉 실업과 물가상승 사이의 관계가 붕괴했다는 점은 전혀 위로가 되지 못한다.[3] NAIRU를 찾기 위한 연구는 계속되고 있기 때문이다. 세계 최고 수준의 주류 경제학자들이 이를 적극 옹호하고 있고, 연준의 명시적 목표도 실업률이 "너무 낮을" 때 투자와 고용을 둔화시켜 물가상승을 관리하는 일이다.[4]

이러한 미세조정 접근법의 문제점은 세 가지이다. 첫

---

[3] "Federal Reserve Chair Jerome Powell Testimony on the State of the Economy", House Financial Services Committee, July 10, 2019, www.c-span.org/video/?462331-1/fed-chair-warns-weakening-economic-growth-pledges-serve-full-year-term.

[4] "How Does Monetary Policy Influence Inflation and Employment?," Board of Governors of the Federal Reserve System, December 16, 2015.

째, NAIRU는 하나의 미신이다.[5] 주류 경제학자들과 연준은 실업-물가상승 관계의 성격을 규명할 수 없을 뿐만 아니라, 그것이 인과적 관계인지조차 알지 못한다.[6] 둘째, 스스로 인정한 것처럼, 연준은 물가상승에 관해 믿을 만한 이론을 갖고 있지도 않다.[7] 셋째, 연준이 비록 NAIRU 혹은 물가상승률 목표를 특정하는 데 실패했음에도, 연준 관료들은 최소한 2014년 이후 미국 경제가 완전고용 수준에 도달했다고 주장해 왔다. 많은 사람들이 1990년대의 유사한 경험을 기억할 것이다. 당시 실업률이 연준이 매번 갱신하여 제시한 NAIRU 추정치보다 낮았지만, 가시적인 물가상승이 나타나지 않고 있었다. 그런데도, 전문가란 사람들은 경제가 최대 고용 수준에 도달했다고 경고하고 있었다. 마치 영화 '사랑의 블랙홀'(원제 *Groundhog Day*)의 한 장면처럼, 반복되는 NAIRU 경고로 인해 실업자들은 빠져나갈 길 없는 실업의 덫에 갇혀 있다.

---

5 Matthew C. Klein, "Debunking the NAIRU Myth," *Financial Times*, January 19, 2017.

6 Olivier Blanchard, "Should We Reject the Natural Rate Hypothesis?," *Journal of Economic Perspectives*, 32(1), 2018: 97-120.

7 Sam Fleming, "Fed Has No Reliable Theory of Inflation, Says Tarullo," *Financial Times*, October 4, 2017.

이런 문제는 세계적으로 더 심각하다. 2012년 유럽연합 집행위원회는 연간 경제 전망을 발간하면서, 스페인의 자연 실업률이 26.6%라고, 즉 단순하게 말해 이 경제가 더 나아질 수는 없다고 주장했다. 하지만 실제로는 그렇지 않았다. 실업이 침체기 수준보다 감소함에 따라, 유럽연합 집행위원회는 계속해서 NAIRU 추정치를 낮게 수정하기도 했다. 이를 통해 알 수 있듯, 유럽연합은 눈앞에 놓인 실업 문제를 해결하는 데 심각하게 실패해 놓고, NAIRU를 이용해 자신의 정책 실패를 덮었다고 결론 내리지 않을 수 없다.

연준의 관점이 항상 그랬던 것은 아니다. 1945년 연방준비이사회는 전시 경제로부터 평화 경제로의 전환 기간 중 완전고용, 생산 및 생활 수준에 관한 종합 보고서를 발간하여, 다음과 같이 주장했다. "두 가지 악[실업과 물가상승-저자]은 소멸하지 않을 것이다. 둘 모두는 예방되어야 한다". 연준은 다양한 대책이 포함된 전면적이고 장기적인 완전고용 및 물가 안정 프로그램의 틀을 마련했는데, 그 가운데 "일자리보장"(Guarantee of Employment) 정책은 "**국가적 최소 기준(national minimum standard)이라는 개념에서 어쩌면 가장 핵심적인 부분**"으로 간주되었다.[8] 연준의 주장에 따르면, 이 보장

8　Emanuel A. Goldenweiser et al., "Jobs, Production and Living Standards," Board of Governors of the Federal Re-

은 "경제적 권리장전(Economic Bill of Rights)의 첫 번째 조항"이었고, "모두를 위한 인적·물적 자원의 더욱 완전하고 더 나은 활용"은 연준 스스로 정한 국가 경제의 핵심 **목표**였다.[9]

이러한 과거 연준의 입장은 오늘날 매우 다르게 변질되었다. 정부 정책으로 실업이 용인되고 있기 때문이다. NAIRU라는 미신은 이러한 정책을 합리화하는 수단으로 활용되어, 물가상승 압력을 억제하기 위해 의도적인 경제 둔화와 실업 증가를 용인하게 한다. 그에 따라 경제적 어려움이 가중된다. 하지만 실업은 어쩔 수 없는 일이 결코 아니다. 실업을 일소하려는 직접적 대책이 훨씬 우월한 정책적 선택이다. 실업이 만연한 현 상태를 유지하는 데 얼마나 큰 비용이 드는지 추산하기 전에, 또 하나 널리 퍼져있는 미신, 즉 일자리는 충분하고 실업은 개인의 책임이라는 관념부터 살펴볼 필요가 있다.

노동시장: 다수가 처한 진퇴양난

일반적인 통념에 따르면, 경제 호황기에는 모든 구직자가 일자리를 구할 수 있다. 취업에 어려움을 겪고 있다면, 그

---

serve System (US) Postwar Economic Studies, August 1945, 강조는 인용자.

9 ibid.

이유는 분명 필수 기능의 부족, 불충분한 교육, 동기 부족, 잘못된 선택 등 어떤 개인적 문제 때문이다. 물론 대부분의 주류 경제학자에게, "완전고용"이란 기꺼이 노동할 수 있고 준비가 되어 있다면 누구라도 일자리를 보장받는 상황이 아니라, 사실상 수백만 명이 (개인적 부족함이든 아니든) 비자발적으로 직장을 갖지 못하고 있는 상태를 지칭한다.

현실에서는 이와 반대로 모든 "올바른" 결정을 했다고 하더라도, 노동시장은 공정한 게임이 아니다. 경기가 최정점에 다다르더라도, 구직자가 구인자보다 항상 많다(**그림 2**). 많은 사람에게 노동시장은 역설적인 진퇴양난의 상황이 반복되는 미로 같은 곳이다. 이윤을 추구하는 민간부문이 대부분의 일자리를 창조하지만, 그렇다고 일하고자 하는 사람 누구나 고용하는 것이 사업 목적은 아니다. 앞서 언급한 것처럼, 기업은 매출과 이윤이 직원 채용을 정당화할 때에만 고용하지만, 불충분한 매출 외에도 절대로 실업자 모두를 고용하지 않는 여러 이유가 있다.

첫째, 기업은 실업자, 특히 장기 실업자 채용을 **좋아하지 않는다**.[10] 실직 기간이 짧거나 현재 고용되어 있지만 이

---

10 Giuliano Bonoli, "Employers' Attitudes towards Long-Term Unemployed People and the Role of Activation in Switzerland," *International Journal of Social Welfare*,

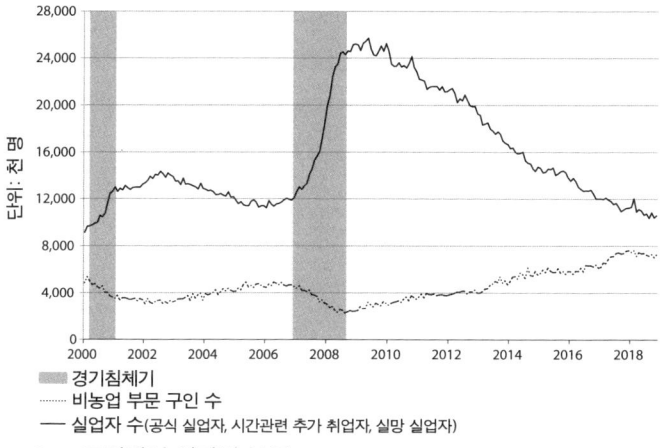

그림2 고질적인 일자리 부족

직하려는 사람을 선호한다. 실업자에게 진퇴양난의 문제가 이것이다. 앞서 지적한 것처럼, 2008년 이후 대침체기 동안 일부 구인광고는 "실업자는 지원할 필요가 없다"고 경고하기도 했다(이런 행위는 미국 법원에 제소되었다).[11] 더구나, 기업들은 장기 실업자 고용을 꺼려하는데, 9개월 실직을 경력 4년의 손실과 같다고 간주하기 때문이다.[12]

23(4), 2014: 421-30.

11 Liz Goodwin, "Job Listings Say the Unemployed Need Not Apply," Yahoo News, July 26, 2011.

12 Stefan Eriksson and Dan-Olof Rooth, "Do Employers Use Unemployment as a Sorting Criterion When Hiring?

많은 사람에게 실업 딱지가 좋은 일자리를 얻는 데 가장 큰 걸림돌이 된다. 기업들은 실업자들을 채용하고 훈련시키는 "위험"을 피하고자 하고, 이것이 현대적 역설을 낳는다. 즉, 수백만 명이 일자리를 찾지만, 기업은 마땅한 사람을 찾지 못해 애를 먹고 있다. 경제가 성장함에 따라 기업들은 채용 기준을 더 깐깐하게 적용한다는 사실로 이 역설은 악화된다.[13] 다른 말로 하면, 가장 간절히 취업을 원하는 사람(장기 실업자)이 가장 높은 진입 장벽에 막혀 있다는 뜻이다. 이들은 가장 마지막으로 채용되고 가장 먼저 해고될 뿐만 아니라(따라서 충분한 경력을 쌓기도, 정규직이 되기도, 경력에 따른 연봉 상승도 기대할 수 없다), 고용주가 게임의 규칙을 바꾸면 모든 고용 기회로부터 배제되기 쉽다. 이것이 또 하나의 진퇴양난의 상황이다.

직업훈련과 교육은 실업자 행렬을 여기저기로 끌고 다닐 뿐, 이 역설을 해결하지 못한다. 지난 수십 년에 걸쳐 고등교육은 학자금 대출을 급등시켰지만, 취업과 소득이 이

Evidence from a Field Experiment," *American Economic Review*, 104(3), 2014: 1014-39.

13 Alicia S. Modestino et al., "Upskilling: Do Employers Demand Greater Skill When Workers Are Plentiful?," *Review of Economics and Statistics* (forthcoming).

를 상쇄하지 못했다. 시지푸스의 바위처럼, 학자금 대출 폭증으로 청년들은 주택을 마련할 수도, 결혼할 수도, 충분한 재량소득[처분가능소득에서 기본 생활비를 제외한 소득액-역자]을 확보할 수도 없게 되었다. 이것이 경제성장에 발목을 잡는데, 이로써 또 하나의 진퇴양난의 상황이 만들어진다.

직업훈련을 잘 받았다고 하더라도, 민간 기업들은 실업자 배제를 위한 (눈에 보이거나 보이지 않는) 다양한 기준을 마련해 놓고 있다. 젠더, 인종, 연령, 성별에 따른 차별 사례는 이미 잘 알려져 있다. 부모로서 자녀 양육을 위해 직업을 갖지 않아 온 사람이 2차 면접의 기회를 얻을 확률은 취업했다 실직한 부모의 절반, 현재 취업 중인 부모에 비해서는 겨우 1/3에 불과했다.[14] 전과 기록이 없는 흑인 지원자가 채용 합격 통지서를 받거나 2차 면접 기회를 얻을 확률은 전과 기록이 **있는** 백인보다 작다.[15] 장애가 있는 사람은

---

14 Katherine Weisshaar, "From Opt Out to Blocked Out: The Challenges for Labor Market Re-Entry after Family-Related Employment Lapses," *American Sociological Review*, 83(1), 2018: 34-60.

15 Devah Pager, *Marked: Race, Crime, and Finding Work in an Era of Mass Incarceration*, University of Chicago Press, 2009.

취업 기회에서 체계적으로 배제되고, 이들이 금융위기 이전 수준의 취업률을 회복한 마지막 집단이었다.[16]

인간 요요 효과(Human Yo-yo Effect)

노동시장에서 벌어지는 이 모든 난관은 경기침체마다 주기적으로 수백만 명을 정리 해고하는 경제와 결합되어, 인간 요요 효과(human yo-yo effect)를 만들어 왔다(**그림 3**). 미국의 실업률은 극단적으로 변덕스럽다. 실업은 경기침체기에 대량 해고 사태로 시작하지만, 회복은 빈혈을 앓는 것처럼

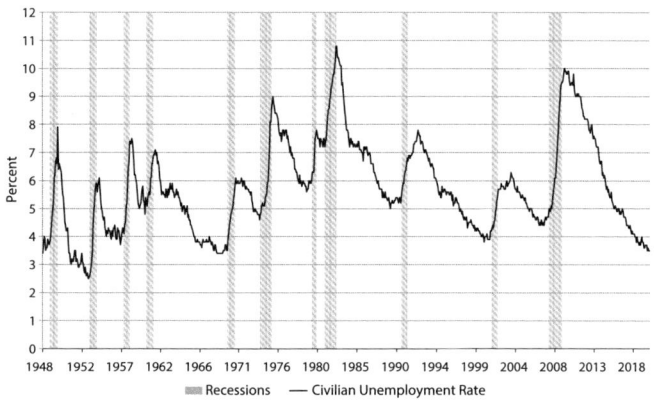

그림3 실업: 인간 요요 효과
출처: 미국 노동통계국(US Bureau of Labor Statistics)

---

16 Barbara Goldberg, "Disabled Workers Chase 'Dream Jobs' in Tight US Labor Market," Reuters, August 30, 2019.

더디게만 진행된다. 이제 일자리 없는 회복은 정상적이고 피할 수 없는 현상으로 수용되고 있다. 다른 한편으로 총 실업자 중 장기 실업자 비중이 1960년대부터 꾸준히 증가해 왔다. 어떤 의미에서 실업이 "실업 가능성"(unemployability)을 만들어 내고 있는 것이다.

노동시장은 잔혹한 의자 앉기 게임과 같다. 어쩌면 그보다 더 나쁘다. 많은 실업자가 의자(유급 일자리)를 찾을 수 없고, 설사 일자리를 구하더라도 (특히 저임금 부문에서) 차별당하고, 괴롭힘을 당하고, 임금 갈취의 위험에 처하며, 항상 해고와 복지 서비스[예컨대, 기업이 직원에게 들어주는 의료보험, 사회보험 가입 등-역자] 상실의 위협에 놓여 있기 때문이다.

일자리가 부족하지만, **좋은** 일자리는 더 부족하다. 실업자 비축 풀(reserve pool)을 유지하는 정책, 노동시장에서 실업자들이 직면하는 두꺼운 장벽들, 그리고 대량 해고가 낳는 인간 요요 효과, 이 모든 요소는 사회와 경제에 매우 큰 비용을 부과한다.

실업은 큰 비용이다

우리가 노숙자 혹은 문맹의 "최적 수준"에 대해 이야기하지 않는 것과 똑같이, 실업의 사회·경제적 비용을 충분히 고려한다면 "최적 실업률"이란 관념은 성립되기 어려울 것이다. 심리학, 인지과학, 공중보건 등의 분야에 제출된 풍부한 연구성과가 지적하듯, 실업, 최저 임금 고용, 불안정하고 불규칙한 고용, 비자발적 파트타임 고용 등이 낳는 비용은, 간단히 말해, 충격적일 만큼 크다. 이는 실업과 불안정 고용을 잔인하고, 고질적이며, 죽음으로 모는 사회적 병으로 간주해야 함을 의미한다.

우리가 공식 통계만 보아서는 알 수 없는 점이 있는데, 실업은 마치 바이러스처럼 전파된다는 사실이다. 실업이 어떻게 변동하는지를 이해하려면, 시간에 따라 변화 양상을 보여주는 애니메이션 지도를 확인하는 것이 유용하다.[17] 이를 통해 알 수 있는 첫 번째 사실은 지속되는 실업(경제 호황기에도 두 자릿수를 기록하기도 한다)은 러스트 벨트(Rust Belt), 애팔래치아 산맥(Appalachian Mountains) 지역을 전염병처럼 괴롭힐 뿐만 아니라, 시에라 네바다 산맥(Sierra Nevada)으로부터 콜로라도 평원(Colorado Plains), 알래스카의 코스트산맥(Coast Range), 미국의 최남단 지역(Deep South)에 이르기까지 셀 수 없이 많은 지역 사회에 영향을 미친다는 점이다.

두 번째 두드러진 점은 실업은 분명한 전염 효과를 유발한다는 사실이다. 작은 조약돌을 물에 던졌을 때를 상상해 보자. 처음 조약돌이 물에 떨어지면 잔물결이 만들어지

---

17 One for the US, created by FlowingData, is available here: www.youtube.com/watch?v=shqJR_0WdrI.

론을 얻었다. 즉, 2008년 대침체 이후 실업률이 높은 지역 일수록 자살률 또한 높았다.[21] 그 외의 연구도, 장기 실업은 최초 실업 경험 후 20년 뒤의 사망률을 높이는 것으로 보고하고 있다.[22] 실업으로부터 살아남은 사람이나 그 가족에게 실업은 극도로 큰 비용을 요구한다. 하지만 실업은 개인과 그 가족뿐만 아니라, 경제 전체에도 거대한 비용을 부과하기도 한다.

실업자는 생애소득을 영원히 잃는 고통을 당하고,[23] 무시할 수 없는 건강상 비용을 지불한다. 이들은 더 많이 아프고, 병원에 더 자주 다녀야 하고, 의료비로 더 많이 지출하게 된다. 실업자는 알코올 중독, 신체적 질병, 우울과 불

---

21 D. Stuckler and S. Basu, *The Body Economic: Why Austerity Kills*, Basic Books, 2013.

22 Kenneth A. Couch et al., "Economic and Health Implications of Long-Term Unemployment: Earnings, Disability Benefits, and Mortality," *Research in Labor Economics*, 38, 2013: 259-305.

23 Katharine G. Abraham et al., "The Consequences of Long-Term Unemployment: Evidence from Linked Survey and Administrative Data," NBER Working Paper No. 22665, September 2016.

러 일자리는 1970년대부터 2008년 대침체 이후까지도 지속적으로 감소하여, 실직자들에게 고통, 스트레스, 사회 부적응을 안겨주어 "절망적 죽음"(death of despair)으로 내몰았다. 이는 다시 백인 노동계급의 사망률을 증가시켰다. 특히 경제적 불안정과 실업은 복합적인 사회경제적 문제와 건강 문제를 유발하여, 사망률을 높이는 데 일조했다. 하지만 실업과 죽음 사이의 연관 관계는 더 직접적이다.

63개 국가의 방대한 자료를 이용한 한 연구는 자살의 20%가 실직 때문임을 발견했는데,[19] 이는 그 이전에 알려져 있던 것보다 9배나 더 높은 수치이다. OECD 25개 회원국을 대상으로 한 다른 종적 연구 또한 이러한 발견을 뒷받침하고 있다.[20] Stuckler & Basu(2013)의 연구도 유사한 결

---

in the 21st Century," *Proceedings of the National Academy of Sciences*, 112(49), 2015: 15078-83.

19 Carlos Nordt et al., "Modelling Suicide and Unemployment: A Longitudinal Analysis Covering 63 Countries, 2000-11," *The Lancet Psychiatry*, 2(3), 2015: 239-45.

20 Christian Breuer and Horst Rottmann, "Do Labor Market Institutions Influence Suicide Mortality? An International Panel Data Analysis," CESifo Working Paper Series No. 4875, Munich: Center for Economic Studies and Ifo Institute, 2014.

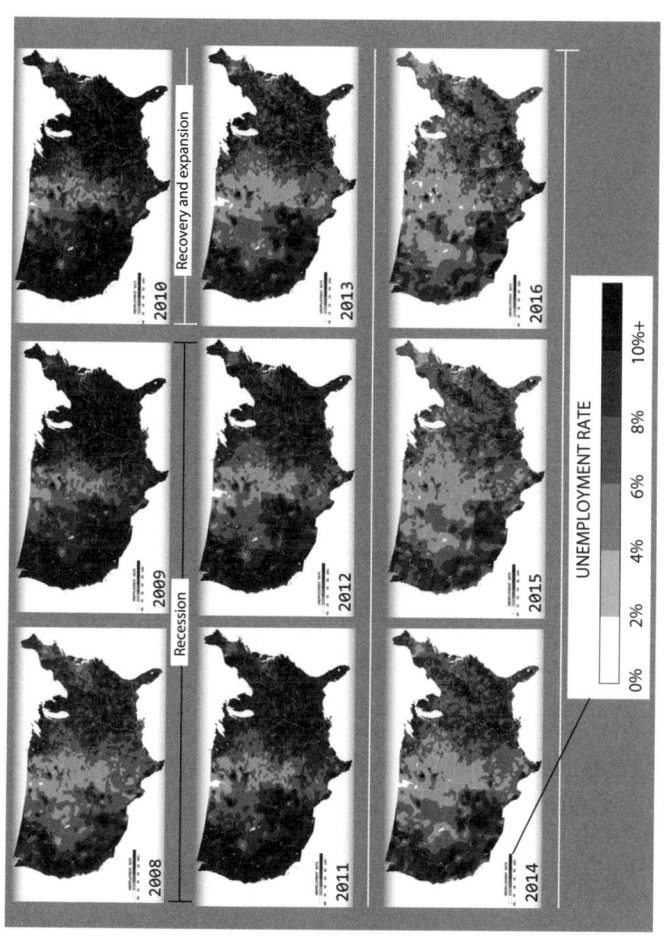

그림4 대침체기 및 이후의 실업
출처: FlowingData, "실업 애니메이션 지도," 2016년 10월 16일

고, 이것은 점점 더 멀리까지 퍼져나간다. 실업에서 벌어지는 일도 이와 비슷하다. 일단 경기침체가 강타하면, 취약한 지역에 대량 해고가 퍼지고, 이는 전염병처럼 다시 다른 지역 사회로 증식되어 퍼져나간다. 소득과 일자리 상실은 실직자의 지출을 급격히 줄이고, 이는 인근의 관련 산업에 충격을 주어 다른 노동자들까지 대량으로 해고되게 만든다. 이런 방식으로 충격이 전파된다. 어떤 의미에서 한 사람이 실직하면 또 다른 사람도 몰아내는 형국이다. 실업은 경기 침체 시기에 전염병처럼 퍼져나가지만, 경기가 다시 팽창하더라도 실업이 시작된 진앙지의 실업은 여전히 남아 고질적인 경제적 어려움을 만들어낸다. **그림 4**는 2008년 금융위기에 따른 대침체 이후의 상황을 보여주는 스냅 사진들이다. 이에 따르면, 실업률은 경기가 회복되기 시작하고 한참이 지나도록 미국 전역에 걸쳐 두 자릿수를 기록하고 있다. 공식적으로 발표되는 집계적 실업 통계로는 볼 수 없는 사실이다.

치명적인 전염병이라는 은유는 적절하다. 과장하지 않고, 실업은 말 그대로 치명적이다. 폭넓게 인용되곤 하는 Case & Deaton(2015)의 연구에 따르면,[18] 안정적인 블루컬

---

18 Anne Case and Angus Deaton, "Rising Morbidity and Mortality in Midlife among White Non-Hispanic Americans

안을 겪는 비율이 취업자에 비해 높다.[24] 정신건강 변수들 (고충, 우울, 불안, 심리적 원인으로 인한 증상, 주관적 웰빙, 자아존중감 등 복합적 증상들)을 활용한 메타분석 결과에 따르면, 세계적으로도 유사한 현상이 발견된다.[25] 이 모두가 결합되고 건강에 대한 복합적 효과가 더해지면, 실업자가 노동시장에 다시 진입하기가 더 어려워지는 악순환이 만들어진다.[26]

기존 연구들이 밝히고 있는 것처럼, 무직(즉, 직업을 갖고 있지 않은 상태)은 **그 자체로** 진퇴양난의 상황이다. 실직은 개인적으로 힘겨운 문제와 건강 악화를 야기하고, 이렇게 악화된 조건 때문에 이로부터 벗어날 수 없게 된다. 실업은 한 사람의 사회적 자본과 사회적 참여를 영구적으로 대폭 감소시켜, (많은 경우) 재취업의 다리 역할을 하는 사회

---

24 Margaret W. Linn et al., "Effects of Unemployment on Mental and Physical Health," *American Journal of Public Health*, 75(5), 1985: 502-6.

25 Karsten I. Paul and Klaus Moser, "Unemployment Impairs Mental Health: Meta-Analyses," *Journal of Vocational Behavior*, 74(3), 2009: 264-82.

26 Alan B. Krueger, "Where Have All the Workers Gone? An Inquiry into the Decline of the US Labor Force Participation Rate," Brookings Papers on Economic Activity, September 2, 2017: 1-87.

적 네트워크를 단절시키기도 한다. 이 때문에 역설은 더 악화된다.[27] 실업이 낳는 사회적 고립은 웰빙의 영구적 하락과 같은 잘 알려진 오점 효과(scarring effect)와 화학반응을 일으키는데, 이 효과는 재취업 이후까지도 영향을 미친다. 한 연구에 따르면, 실업의 총비용 가운데 비금전적 비용이 85~93%를 차지하여, 영구적 소득 손실 비용을 압도한다.[28] 이 연구 결과가 함축하는 바, 실업자에게 소득을 제공하는 데 초점이 맞춰진 정책은 불충분하다.

실업은 실직한 개인뿐만 아니라 그 가족에게도 악영향을 미친다는 사실은, "자연 실업률"을 찾으려는 연구에서는 완전히 무시되고 있지만, 전혀 놀랍지는 않다. 배우자와 아이들의 영양실조, 발육부진, 정신건강 문제, 학업 부진과 취업 실패, 사회적 계층 이동성 감소 현상의 원인 중 하나가 실업이다.[29] 미국의 아동 빈곤율은 최고 수준을 기록하고

---

27 Lars Kunze and Nicolai Suppa, "Bowling Alone or Bowling at All? The Effect of Unemployment on Social Participation," Ruhr Economic Paper No. 510, October 2014.

28 Rainer Winkelmann and Liliana Winkelmann, "Unemployment: Where Does it Hurt?," Center for Economic and Policy Research, CEPR Discussion Paper No. 1093, 1995.

29 Melisa Bubonya et al., "A Family Affair: Job Loss and

있고, 빈곤 아동의 80%가 취업한 성인이 부재한 가정에서 자라고 있다.

수많은 지역 공동체에서 발견되는 도시 황폐화, 경제적 궁핍, 폭력 및 강도 등 강력범죄 등의 사회문제도 견고히 뿌리박혀 해결하기 어려워 보이지만, 큰 부분 실업이 그 원인이다.[30] 청년 실업, 범죄, 우익 극단주의 사이에서도 강력한 상관관계를 발견할 수 있다.[31] 세계적으로, 많은 나라들

---

the Mental Health of Spouses and Adolescents," IZA Discussion Paper No. 8588, December 3, 2014; Joanna Venator and Richard Reeve, "Parental Unemployment Hurts Kid's Futures and Social Mobility," The Brookings Institution, Social Mobility Memos, 2013.

30 Steven Raphael and Rudolf Winter-Ebmer, "Identifying the Effect of Unemployment on Crime," *Journal of Law and Economics*, 44(1), 2001: 259-83.

31 Richard Freeman, "Crime and the Employment of Disadvantaged Youths," in *Urban Labor Markets and Job Opportunity*, edited by George Peterson and Wayne Vroman, Urban Institute Press, 1992; Armin Falk and Josef Zweimuller, "Unemployment and Right-Wing Extremist Crime," Centre for Economic Policy Research, CEPR Discussion Paper No. 4997, 2005.

이 실로 난감한 수준의 청년 실업률을 경험하고 있는데, 이는 사회문제의 시한폭탄이다.[32] 미국에서 감옥에 다녀온 적이 있는 사람의 실업률은 전국 평균 실업률의 5배 이상에 달한다. 이는 1930년대 대공황 시기의 실업률보다 더 높은 수준이고, 재범을 낳는 주요 요인이다.[33]

실업은 개인적 비용을 넘어 더 폭넓은 거시경제적 충격을 낳는다. 대부분의 나라에서 실업은 불평등을 강화하고,[34] 인종 간 갈등을 악화시키는 사회적 배제를 양산한다.[35] 실업은 또한 기술변화, 혁신, 경제성장에 부정적 영향

---

32 국제청소년재단(International Youth Foundation)에 따르면, 조사의 한계를 감안하면, 실제 청년 실업률은 국제노동기구(ILO) 추정치의 6~7배 높을 수 있다.

33 Mark T. Berg and Beth M. Huebner, "Reentry and the Ties that Bind: An Examination of Social Ties, Employment, and Recidivism," *Justice Quarterly*, 28(2), 2011: 382-410.

34 James K. Galbraith, "Inequality, Unemployment and Growth: New Measures for Old Controversies," *The Journal of Economic Inequality*, 7(2), 2009: 189-206.

35 William Darity, "Who Loses from Unemployment," *Journal of Economic Issues*, 33(2), 1999: 491-6.

을 미치고, 금융위기와 경제적 불안정뿐만 아니라[36] 사회·정치적 불안, 인신매매, 아동 강제 노동, 착취, 노예제에도 영향을 미치는 요인이다.

이도 모자라, 실업은 또한 경제성장을 저해한다. 한 연구에 따르면, 2008년 이후 대침체기 중 미국 경제는 고실업으로 인해 **매일** 100억 달러의 생산 손실을 보았다.[37] (비교하자면, 이는 2016년 미국 환경보호국의 **1년** 예산과 같다) 호황의 정점이던 2007년 실업률이 상대적으로 낮았던 때에도, 실업으로 인한 GDP 손실은 하루당 약 5억 달러에 달했다.

다른 말로 하면, 우리가 실업을 자연적이고, 피할 수 없고, 경제에 필요한 것으로 수용함으로써, 엄청난 개인적, 사회적, 경제적 비용을 치르는 한편, 매일 수백만 달러어치의 재화와 서비스를 낭비하고 있다.

---

36 James K. Galbraith, *Created Unequal*: *The Crisis in American Pay*, Free Press, 1998.

37 William Mitchell, "The Costs of Unemployment-Again," 2012, http://bilbo.economicoutlook.net/blog/?p=17740; methodology in Martin J. Watts and William F. Mitchell, "The Costs of Unemployment in Australia," *The Economic and Labour Relations Review*, 11(2), 2000: 180-97.

실업의 대가는 이미 치르고 있다. 우리는 실업으로 인한 물질적·금전적 비용을 치르면서도, 실업을 근절함으로써 생성해 낼 수 있는 사회적, 경제적 가치를 몰수당하고 있다. 이것은 세계적 차원에서 함의를 주는 글로벌 문제이다. 실업은 사회적 암이고, 공동체의 점진적인 파괴, 사회 구조의 붕괴, 마약 확산, 아동의 허약한 건강 상태와 학업 부진, 초만원의 감옥, 정신과 육체 건강의 악화 등과 연결되어 있다. 여기 열거된 사회적 병리 현상들은 실업의 강력한 효과 중 일부만 나열한 것이다. 이는 불필요한 비용이다. 이들 대부분은 모두에게 기본 생활임금을 지급하는 일자리를 보장하는 프로그램으로 피할 수 있다.

실패한 현상 유지: 정책 대응

이중의 의무를 지는 중앙은행조차 물가상승과의 싸움을 실업 문제 해결보다 우선 목표에 둔다. 만약 정책 우선순위를 바꾼다면, 중앙은행이 실업률을 "바람직한" 수준에 고정하거나, 일하고자 하는 사람 누구라도 일자리를 찾을 수 있는 조건을 창조하는 데 주저하는 일은 없을 것이다. 중앙은행은 노동시장에서 실업을 악화시키는 접근법에서 탈피해야 한다. 즉, NAIRU를 폐기하고, 일자리 증가를 억제하기 위해 경제에 제동을 거는 짓을 중단해야 한다. 다음 장에서 더 명확히 설명하겠지만, 실업을 물가상승 방어벽으로 활용해야 할 경제적, 사회적, 도덕적, 그 어떤 이유도 없다.

활용할 수 있는 더 많은 정책 수단을 갖고 있는 재정정책 또한 실업 문제를 해결하는 데 큰 역할을 하지 않고 있다. 레이건 이후 재정정책은 건전한 경제 정책으로 가장한 규제 완화, 임금상승 억제, 낙수효과 정책 등과 짝을 이루며 크게 후퇴했다. 그 결과, 거대한 부가 최상위층으로 이전되었고, 고용 회복률도 전후 가장 낮았다. 이와는 반대로, 그 이전의 "케인스주의" 재정정책은 이런 속임수를 쓰지 않았다. 현재 정부의 경기 부양 정책은 모든 구직자에게 일자리를 보장하는 데 실패했다. 전통적인 경기 부양 재정정책(fiscal pump priming)은 보통 실업을 안정시키기보다는 투자를 안정시키는 데 정책의 우선순위를 뒀다. 실업은 그저 투자의 부수 효과로만 간주되었다. 이 정책들은 기업에 대출을 보증하거나, 이윤, 보조금, 구제자금 등이 보장되는 계약을 체결하는 방식으로 실시되었다. 실제로, 재정정책은 **경기침체의 와중에도** 기업 이윤을 안정시키거나 **증가**시키는 데 일조했다. 하지만 일자리 없는 회복이 일상이 되었다. 이와는 대조적으로, 일자리보장제는 매우 단순하고 직접적인 대응으로, 유급 일자리를 얻지 못하는 사람에게 취업 기회를 제공하자는 정책 솔루션이다.

오늘날, 노후 소득 보장과 공교육 보장은 정책 지평에서 가장 근본적인 구성 요소이다. 노후 소득을 보장받지 못하는 은퇴자의 "자연율"(natural rate)이나 특정 문맹률을 정책 목표로 정하지 않는 것처럼 비자발적 자연 실업률이 존재하고 그것을 목표로 삼아야 한다는 주장은 이해하기 어렵다. 어떤 의미에서, 오늘날 정부는 NAIRU를 정책 가이드로 삼아야 한다고 주장함으로써, 일정 실업률 유지를 정책 목표로 정하고 있다. 총수요 변화를 통제하여 물가상승을 관리하면 여러 편익이 있다고 가정하더라도, 이것이 사람들을 실업 상태로 방치하는 정책을 정당화하는 것은 아니다. 다음 장에서 설명하듯, 일자리보장제는 NAIRU 대신, 완전고용과 물가안정을 동시에 달성하는 강력한 자동 안정화 장치이다. 이는 또한 사회에 부과하는 엄청난 실업 비용 없이, 광범위한 사회·경제적 이득을 낳는다.

제3장

일자리보장제:
새로운 사회계약과 거시경제 모델

바닥을 다지지 않고 어떻게 지붕을 올린단 말인가? 이는 루스벨트의 경제적 권리장전(Economic Bill of Rights), 일자리와 자유를 향한 워싱턴 시민 행진(Civil Rights March), 녹색 전환이 모든 사람의 기본적 경제 안정을 전제로 한다는 그린뉴딜 선언 등의 배경에 놓여 있는 질문이다.

존 갤브레이스(John K. Galbraith)의 주장에 따르면, 경제가 점점 더 부유해질수록, 일부는 자기 노동의 과실을 누리게 되겠지만 또 다른 일부는 실업 상태로 남겨진다는 생각을 하면 점점 더 불쾌해진다. 미국 경제의 황금기 동안 좋은 일자리에 대한 권리가 실제로 보장된 것은 아니었지만, 최소한 고용을 보호해야 한다는 생각이 상식이었다. 민주당이든 공화당이든, 대통령 수락 연설은 노동 조건 강화와 실업 경감을 위한 공공 서비스 활용을 옹호함으로써, 이 상식에 호응했다.

이런 생각과 언어들은 시장 근본주의자들의 승리로 일자리와 소득이 가차 없이 파괴되던 레이건 대통령 이후 지워졌다. 노동자 가정의 번영은 더이상 정부의 목표가 아니다. 경제적 안정과 웰빙은 일부만이 누리는 영역이다. 노동과 고용 조건에 대한 공격이 너무나도 주도면밀하고 효과적이어서, (노동자 가족의 전통적인 대변자였던) 일부 좌파의 목소리조차 이 근본 권리를 모두에게 보장하려던 포부를 거의 포기했다.

이런 투항은 주류 경제학자들의 주장, 즉 임금을 포함하여 모든 가격은 시장이 결정해야 하고, 자연 실업률이 물가상승의 방어벽으로 기능해야 한다는 주장으로 가속되었다. 이 이데올로기는 완성되었고, 노동과 완전고용은 폐기되었다. 생활임금 하한선이라는 매우 유명한 개념도 심각하게 훼손되었다. 통화주의 경제학과 미신 같은 NAIRU의 부상은 일자리를 물가안정의 제단에 제물로 바치는 데 완벽한 방패막이 역할을 했다[신자유주의 경제학이 지배하게 되면서, 통화정책의 궁극적 목표는 인플레이션 억제로 설정되었다. 그리고 인플레이션이 높아지면 실업률을 높이는 정책으로 대응했다. 인플레이션의 폐해가 정확히 무엇인지 불명확함에도, 그것을 막기 위해 실업자를 더 늘려야 한다는 주장이 NAIRU라는 미신이 제안하는 정책이다-역자].

이 중 그 어떤 것도 좋은 경제학에 근거하지 않았다. 민간 기업들과 정부가 대부분의 가격을 정했다. 전자는 점증하는 시장 지배력으로, 후자는 공공 지갑의 권능(power of public purse)으로, 그렇게 했다. 정부의 재정과 규제 수단들이 주요 물가 관리 수단이었던 제2차 세계대전 직후의 시기를 생각해보면 가장 잘 이해된다. 당시 물가상승을 억제하기 위해 실업이 필수적이라고 주장한 경제학자나 정책 결정자는 거의 없었다(프리드리히 하이에크(Friedrich Hayek)와 밀튼 프리드먼(Milton Friedman)은 두드러진 예외였지만). 기본적인 노동 표준(급여로부터 노동 조건과 전국적 노동관계까지)을 제공하는 일은 정부의 책임이라는 서사(敍事)가 황금기 동안을 지배했던 것이다.

하지만 괜찮은 일자리에 취업할 권리가 부재함에 따라, 초기 노동법이 의존하던 토대가 약화되었다. 노사협상 때마다 해고 위협이 등장하곤 했다. 이것이 일자리 아웃소싱과 저임금의 이민 노동자 채용을 정당화했고, 전후 사회계약(social contract)을 파기했다. 그 결과, 작업장 연대는 침식되고, 노동조합은 스스로 붕괴했다. 이후 해고 위협은 기업이 노동자에 행사할 수 있는 가장 강력한 압박 수단으로 영원히 남게 되었다.

일자리보장제는 루스벨트 혁명에서 빠진 조각이다. 이는 근본적인 경제적 권리를 보호함으로써, 새로운 사회계약으로 유도할 것이다. 이 사회계약은 더는 실업과 저임금 고용을 경제 안정화 도구로 활용하지 않을 것이라는 맹세이다. 과거의 모든 주요 정책이 그랬던 것처럼, 일자리보장제도 경제에 매우 유의한 구조적 변화를 가져올 것이다. 그 가운데 가장 두드러진 점은 NAIRU가 경제 정책 도구함에서 영원히 추방된다는 사실이다. 주요 거시경제 정책으로서 일자리보장제는 경기 순환 경향의 반대 방향으로 작용하는 경제 안정화 장치를 제공한다(현재에는 실업이 이 역할을 담당하고 있다). 이는 기본 임금이 제공되는 일자리를 보장하는 정책으로서, 경제 전체의 모든 일자리에 대해 최소한의 노동 표준을 제공한다. 예컨대, 결코 타협할 수 없는 생활임금 하한선은 잠재적으로 모든 사람(취업 여부와 무관하게)에게 폭넓은 혜택을 가져다줄 것이다. 또한, 일자리보장제는 영구적 안전망의 특성을 보이는바, 광범위한 사회·경제적 병리 현상과 노동시장 문제를 억제하는 등 결정적으로 중요한 예방 정책으로 기능할 것이다. 부활한 경제적 권리장전과 녹색 의제를 위한 주춧돌로써, 힘겨운 사회·경제적 문제들을 해결하기 위한 도구이기도 하다.

다양한 보장 정책들: 공공 정책 옵션과 가격 지원

보통 우리는 인생에 보장된 것이 없다고 말하지만, 사실상 보장은 세상 곳곳에 항상 존재한다. 이 보장들 대부분은 공공부문이 제공한다. 이 중 일부는 보편적으로 모두에게 제공되기도 하고, 일부는 조건부로 제공된다. 공교육, 공공 도서관, 치안, 국선 변호인 등이 몇 가지 보편적 보장의 예이다. 사회보장연금(social security: 우리나라의 국민연금 격의 미국 노후소득보장 제도-역자)은 최소한의 소득 이력을 만족하면 은퇴 후 소득을 보장한다. 장애인과 전업주부 배우자에게도 지급된다. 이런 종류의 보장은 개인과 가족뿐 아니라 기업들에도 제공된다. 최소수익보장 제도[도로, 다리 등 공공 프로젝트를 민간 기업에 맡기고, 완공 후 미리 정한 최소 수익이 나지 않으면 정부가 대신 보전해 주는 공적 투자 계약을 말한다-역자]가 세계적으로 널리 퍼져있고, 안전, 교통, 고기술(high-tech) 산업 특혜 등도 쉽게 관찰할 수 있다. 대출이 상환 불가능해지면 (명시적 혹은 묵시적으로) 정부가 해당 부실채권을 인수하겠다고 약속하는 대출 보증 또한 흔히 볼 수 있다(2008년 금융위기 동안 대규모 금융기관 구제는 전후 가장 낭비적이었던 정부의 보장 사례라 할 것이다). 은행 예금도 일정 액수까지는 예금보험으로 보장된다. 전 세계적으로 셀 수 없이 많은 정부 프로그램들이 농산물 최저 가격을 보장하고 있다.

이런 보장제도 중 일부는 공공 정책 옵션으로부터 나오는 반면, 일부는 좋았던 구식의 정부 가격 지원으로부터 기원한다. 정부는 공공 정책 옵션을 통해 필수적인 재화 또는 서비스(예컨대, 공교육, 공용 도로, 치안 등)를 직접 공급하여,

누구나 혜택을 누릴 수 있도록 한다. 가격 지원 정책은 어떤 재화 혹은 서비스(은행 예금 이자율, 일부 농산물 등)의 가격이 일정 수준 이하로 내려가지 않도록 보장한다.

일자리보장제는 공공 정책 옵션의 특징을 갖고 있으며, 가격 지원 제도와 동일한 혜택을 가져다준다. 이는 일하기를 원하는 사람이라면 누구에게나 기초 공공 서비스 부문에 **자발적으로** 취업할 기회를 보장하려는 공공 정책 옵션이다.[1] 개인이 민간 변호사를 고용하지 않으면 국선 변호사를 보장하는 것이나, 아이들을 사립학교에 보낼 수도 있지만 어쨌든 아이들의 공립 학교 입학을 항상 보장하는 것과 유사하다. 일자리보장제는 미리 정해진 기초 임금을 지급하기 때문에, 이 프로그램에 참여하는 노동자뿐 아니라 노동자 전체의 가격(임금)을 떠받치는 지지대 역할을 한다. 민간 영역에서 가장 바람직하지 않은 일자리(저임금, 학대와 괴롭힘, 임금 갈취, 위험한 작업장 등의 일자리)를 피하고, 대안으로 선택할 수 있는 일자리를 제공하기 때문이다. 이를 통해, 모든 노동자를 위한 최소 필수 급여 및 노동 조건이 설정된다.

---

1 Ganesh Sitaraman and Anne Alstott, *The Public Option: How to Expand Freedom, Increase Opportunity, and Promote Equality*, Harvard University Press, 2019.

가격 지원, 완충재고, 생활임금

경제의 핵심 자원(예컨대, 노동력)은 어떤 형태로든 보호되고 가격 지원을 받아야 한다는 생각은 절대 급진적 주장이 아닙니다. 모든 종류의 생산 투입물에 대해서는 이미, 원칙과 경제적 효율성 차원에서, 일상적이고 실질적으로 그렇게 하고 있다. 어떤 사람은 최저 임금을 노동자를 위한 가격 하한선으로 간주하기도 하지만, 일자리보장 없이는 실효성이 별로 없다. 일자리가 부족한 한, 최저 임금 취업 기회를 확보할 수 없는 사람에게 임금은 사실상 제로이기 때문이다.

농산물 가격 지원 제도가 어떻게 작동하는지 생각해보자. 과거부터 오늘날까지 세계적으로 정부들은 상품 가격을 설정하고 안정시키기 위한 다양한 방법을 사용해 왔다. 이는 종종 완충재고(buffer stock) 프로그램을 통해 시행되는데,[2] 특정 상품(예컨대, 옥수수)의 수요가 급격히 감소할 때, 정부는 미리 정한 가격으로 잉여 농산물을 구매하여 저장하고, 해당 상품에 대한 수요가 회복되면, 저장된 상품을 방출한다.[3] 이런 완충재고 프로그램은 상품 가격이 정부가 정

---

[2] William F. Mitchell, "The Buffer Stock Employment Model and the NAIRU: The Path to Full Employment," *Journal of Economic Issues*, 32(2), 1998: 547-55.

[3] 미국 정부는 넉넉히 1970년대 말까지도 밀과 옥수수 등 알

한 가격 아래로 떨어지지 않도록 보장하는 효과를 낳는다. 정부가 잉여 농산물을 매입하고 공급이 부족할 때 되파는 방식으로 해당 상품을 고용하고(즉, 옥수수가 팔리지 않는 일이 없도록 함) 그 가격 하한선도 유지하는 것이다.

노동자 고용 문제로 돌아와서, 미국 정부는 전국 최저 임금을 제도화했지만, 완충재고 프로그램처럼 과잉 노동력을 고용하는, 말하자면 실업자를 고용하는 제도는 도입하지 않았다. 정부의 가격 지원 정책(최저 임금제)은 실업자를 포용하지 않으므로, 최저 임금제만으론 불완전하다. 강건한 최저 하한선을 확립하기 위해서는, 기본 임금을 고정하는 정책뿐 아니라 일할 준비가 된 실업자 모두를 사전에 정한 임금으로 고용하는 정책 **모두** 필요하다.

일자리보장제는 [현재처럼 실업이 아니라-역자] 고용이 완충재고로 기능하게 하는 제도이다. 이를 통해, 최저 임금, 전반적인 물가 수준, 그리고 경제 전체를 안정시키는 추가적 편익까지 누릴 수 있을 것이다. 경기침체기의 대량 해고는 노동자 임금과 총수요를 떨어뜨려, 모든 가격에 하방 압력을 부과한다. 하지만 이 공공 정책 옵션은 실업자를 모두 고용함으로써, 생활임금 수준에서 완전고용을 유지한다. 그 결과, 만성적 실업이 존재하는 경우보다 훨씬 더 강건하게

곡 농산물에 대해 완충재고 프로그램을 운영했다.

총수요 붕괴를 억제할 수 있다. 경제가 회복되고 기업들이 고용을 재개하면, 노동자들은 일자리보장제 프로그램을 떠나 민간부문 일자리로 이직할 것이다. 그렇게 되면, 정부지출과 임금 지불 총액이 감소하여, 민간부문 고용 및 수요 증가로 인한 물가상승 압력도 완화된다. 이렇게 일자리보장제 프로그램에 내장되어 있는 경기 역행적 특성은 민간부문 노동 수요의 변화를 상쇄하여, 경제와 물가 모두의 변동을 안정시킬 것이다. 직업훈련, 자격증 취득, 기타 일자리보장 프로그램 참가자들이 더 많은 급여를 제공하는 곳으로 이직하도록 돕는 기능으로 이런 특성은 더욱 강화된다. 달리 말하면 일자리보장제는 **경제 전체의 생활임금 하한선, 진정한 완전고용**, 그리고 강력한 **경제적 충격 흡수 장치**를 제공한다.

가장 중요한 상품의 가격 정하기

과거에도 또 다른 완충재고 프로그램이 있었는데, 대부분 사람이 아는 제도이다. 그것은 금에 대한 완충재고 정책이다. 금본위제에서 한 나라의 통화는 금의 일정 무게에 고정되어 있었음을 상기하자. 이러한 통화제도 하에서, 정부는 금 가격을 사실상 고정했고, 민간의 금 수요 증감에 따라 고정된 가격에 금을 매도하거나 매입했다. 다른 말로, 정부는 금의 완전고용[시장에 금이 넘치거나 부족하지 않은 상태를 의미한다. 이하에서 이 책은 상품 가격 유지를 위한 정부 매입을 '고용한다(employ)'는 용어를 사용하여 표현하고 있는데, 이는 잉여 생산물보다 훨씬 더 중요한 실업자에 대해 정부가 '고용'을 보장하지 않음을 비판하기 위함으로 보인다-역자]과 가격 안정을 보장하기 위해 완충재고 메커니즘을 활용했던 것이다!

농산물이나 금에 대해서는 완전고용과 가격 안정화 프로그램을 운영하면서, 실업자에 대해서는 그렇게 하지 않는다는 사실은 그 어떤 경제적·윤리적 기준에서도 정당화되기 어렵다. 너무나 분명한 이유에서, 노동 대중에게는 그 어떤 상품보다도 강력한 가격 지원이 필요하다. 이는 아담 스미스(Adam Smith)만큼이나 오래 전부터 인식된 제도이다. 그는 노동자에게 최소한 생계를 유지할 임금(subsistence wage)이 지급되어야 한다고 주장했는데, 이는 현대 생활임금(living wage) 개념으로 발전했다. 노동자는 이를 강제할 법률이 필요하지만, 생활임금이 지급되는 취업 기회의 **보장** 또한 필요하다.

곡물과 금은 하한으로 설정된 가격에서 수요가 존재하지 않더라도 가격 지원 혜택을 받았다.[4] 대부분의 사람에게

---

4   Robert E. Prasch, "How is Labor Distinct from Broccoli? Some Unique Characteristics of Labor and their Importance for Economic Analysis and Policy," in *The Institutionalist Tradition in Labor Economics*, edited by Dell P.

생활 소득과 가족을 부양할 임금은 핵심 생존 수단이다. 상품들에 대해서는 고용 조건[매수 후 처분 방법-역자]을 신경 쓰지 않아도 된다. 이들은 저장탑에 저장되거나 지하 창고에 쌓아두고 판매되지 않아 썩어갈 수 있다. 하지만 개인과 가족은 실업과 저임금 고용으로부터 심각한 정신적·육체적 고통을 겪는다. 이는 정책 결정자가 노동 조건에 관해 관심을 두어야 함을 의미한다. 마지막으로, 상품은 저장되었다가 나중에 판매될 수 있지만, 실업자는 자신의 능력을 나중에 판매하기 위해 "저장"할 수 없다. 노동자의 능력은 일반적으로 현직에 고용되어야 유지될 수 있다. 가족의 필요를 충족할 계획을 세우기 위해서라도 고용은 일정 정도 보장될 필요가 있다. 해리 홉킨스가 관찰했던 것처럼, "사람들은 장기적으로 먹는 것이 아니라, 매일 먹는다". [여기서 '장기적으로'라는 말은 주류 경제학을 조롱하기 위해 사용되었다. 주류 경제학은 흔히 '시장은 장기적으로 균형을 유지한다'라거나 '장기적으로 자발적 실업은 존재하지 않는다' 등의 주장을 한다-역자].

물가상승과 정부지출에 대한 더 우수한 통제

금과 곡물 저장소 사례가 보여주듯, 고용 완충재고는 경제의 가장 핵심적인 자원(노동)의 가격을 안정시킨다. 노동

Champlin and Janet T. Knoedler, M.E. Sharpe, 2004.

은 모든 기타 상품의 생산 요소이므로, 노동 가격이 안정되면 다른 생산물의 가격도 안정된다. 더구나, 일자리보장 프로그램에 대한 지출은 경기침체기에 증가하고 경기 확장기에 감소하여, 그 자체로 디플레이션 압력과 인플레이션 압력 모두를 상쇄한다. 따라서 이는 실업보다 우수한 물가상승 통제 메커니즘일 수 있다. 공급 충격, 독점 기업의 가격 설정 권력, 수입품 가격 상승 등 여러 물가상승 요인이 있지만, 일자리보장제 하에서 완전고용을 유지하기 위한 정부지출은 물가상승 압력을 유발하지 않는다.

일자리보장제는 정부의 완전고용 예산을 관리하는 데에도 더 우월한 방법으로 기능한다. 이 프로그램과 현재 고용정책이 실행되는 방법을 비교해보자. 기업으로 하여금 장기 실업자를 포함하여 모든 구직자를 고용하게 하려면 정부는 기업들과 얼마나 많은 계약을 체결해야 하고, 또 얼마나 높은 이윤을 보장해야 할까? 저임금 노동자의 임금을 높여주도록 기업을 유도하기 위해서는 또 무엇을 얼마나 제공해야 할까? 얼마나 많은 보조금과 세금 감면 인센티브가 필요할까? 기업이 완전고용을 달성하게 하는데 필요한 예산은 끝이 없을 것이다. 잊지말자, 기업은 일자리를 찾는 모든 사람을 고용하기 위해 존재하지 않는다. 이와는 반대로, 일자리보장제를 도입하면, 완전고용을 유지하는 데 필요한 정부지출 규모를 파악할 수 있다. 그것은 실업 사무소에 방문하는 마지막 한 사람까지 고용하는데 필요한 돈이기 때문이다. 일자리보장제는 그 자체로 기업과의 무입찰 계약을 모두 없애지는 않을 것이다. 하지만 일자리보장제는 완전고용을 기업에 의존하지 않음으로써, 일자리 창조를 위한 정부지출을 더 잘 규제할 수 있게 할 것이다. 그리고 만약 정부 재정정책의 다른 부분(예컨대, 이미 완전 가동 수준에서 운영되는 산업부문으로 향하는 정부지출)에서 물가상승 압력이 발생하면, 이 물가상승 요인은 별도의 정책을 통해 다루어질 필요가 있다. 여기서 물가 관리의 전체적 체계가 어떤 형태여야 하는지를 논의하기에는 적당하지 않다. 다만, 여기서 전달하고자 하는 메시지는 이것이다. 즉, 물가상승 압력을 억제하기 위해 노동자를 해고하는 방법은 답이 아니다.

자동 안정화 장치: 실업을 보장할 것인가 아니면 고용을 보장할 것인가?
거시경제 안정화 정책의 세계에는 **오직 두 가지**의 옵션만이 존재한다. 현재 이용되고 있는 **실업 안정화 장치**에 계속해서 의존하든지, 아니면 이를 **고용 안정화 장치**로 대체하든지. 일자리보장제는 후자의 정책으로, 경제 조건의 변화에 따라 확장되기도 하고 수축하기도 하는 생활임금 보장 고용 프로그램이다. 이는 또한 어떤 이유에서 바람직하다고 여겨지는 여타 프로그램과 결합할 수도 있을 것이다.

최근 자동 안정화 장치를 강화하는 일에 관심이 높아

지고 있다. 종류는 다양하다. 경제적 불안정의 일부 측면을 해결하는 공공 정책들(예컨대, 저소득층 의료 서비스(Medicaid), 식료품 및 주거 보조, 사회보장연금까지도)은 경기 역행적 성격을 갖는다. 실업이 증가하면 그러한 공공 정책에 의존하는 가계가 증가하기 때문이다. 일자리보장제를 포함하지 않는 정책 패키지는, 경제의 영원한 특징으로 비자발적 실업(규모가 크건 작건)이 왜 존재해야 하는지 정당한 이유를 제시해야 한다.

요약하면, 정책 옵션 및 가격 지원 제도 형태로서 정부 보장제도는 매우 흔하게 발견할 수 있다. 일자리보장제는 현존하는 각종 보장 정책들의 가장 좋은 장점만을 결합하여, 실업과 물가상승 사이에 선택을 강요당하는 정책 결정자를 구제하려는 정책이다. 인간의 존엄을 지키는 생활임금이 지급되는 일자리를 누구든 활용할 수 있게 함으로써, 장기적으로도 완전고용을 유지할 수 있다. 이 프로그램의 경기 역행적 특성과 강고한 임금 하한선은 물가와 경제를 안정시킬 것이다. 일자리보장제는 NAIRU에 대한 해독제이다.

단지 치유만이 아니라 예방을

일자리보장제는 실업을 치료하기만 하는 게 아니라, 매우 중요한 예방적 특성 또한 갖추고 있다. 첫째, 이는 대량 해고의 폭발적 성격을 무마한다. 일자리보장제가 아니고는 실업을 해소하려는 그 어떤 정책(경기 부양책, 조세 감면, 소득 지원 등)도 산사태처럼 밀려드는 일자리 손실에 대응하기에는 너무 부족하거나 너무 늦다. 하지만 일자리보장제가 새로 실업자로 이름을 올리는 사람들에게 고용 기회를 제공하면, 제2장에서 논의한 요요 효과(yo-yo effect)를 억제할 수 있다. 일자리보장제가 없으면 대량 해고는 자기 강화적 과정으로 흐른다. 예를 들어, 실업보험과 불우 가정을 위한 임시 지원(Temporary Assistance to Needy Families, TANF) 등의 일시적 지원 정책이 붕괴하는 수요를 떠받치는 데 다소 도움이 되지만, 불확실한 일자리 전망이 유발하는 심리적 효과를 해소하지는 못한다. 소액의 단기 실업수당에 의지하는 가계들은, 생활임금이 지급되는 일자리가 바로 코앞에 있음을 아는 가계에 비해, 지출을 대폭 삭감한다.

일자리보장제는 또한 자신도 모르게 장기 실업의 나락으로 빠져드는 일을 방지하여, 그로부터 결과하는 개인적 오점 효과(scarring effect)와 경제적 곤궁을 완화한다. 제2장에서 논의한 것처럼, 실업의 사회적·경제적 비용이 너무나 크기 때문에, 이에 대한 예방법으로 일자리를 만드는 일은 충분히 가치있는 목표라 할 수 있다.

이러한 예방 편익은 특히나 주정부들에 중요하다[주정부를 '지방정부'로, 연방정부를 중앙정부로 이해해도 된다. 지방정부와 중앙정부의 핵심 차이는 발권력 보유 여부이다-역자]. 닉슨의 신

연방주의 시절, 연방정부는 다양한 방식으로 사회적 책임 프로그램을 주정부에 떠넘겼고, 이는 레이건 행정부에서 더욱 확대되고 가속되기도 했다. 이런 후퇴는 주정부의 자율성과 유연성을 확대한다는 핑계로 채택되었다. 하지만, 다음 장에서 논의하듯, 그것은 주정부에게 지나친 부담으로 나타났다. 연방정부와 달리 주정부는 통화 주권을 보유하지 못할 뿐 아니라 그런 프로그램을 지원할 만큼 충분한 재정 여력이 없었기 때문이었다. 즉시 발생된 부정적 결과로, 연방정부가 주정부에 지급하는 개별 보조금(categorical grants)이 정액 교부금(block grants)으로 통합하여 지급됨에 따라 각 주의 사회보장이 축소되었고, 각 주가 제공하는 핵심 공공 서비스도 보장하기 어렵게 되었다. 상처에 소금 뿌리는 격으로, 1990년대에 각 주는 균형재정(balanced-budget)을 유지하도록 주법을 개정하여 더 많은 프로그램을 폐지하도록 했다. 그 프로그램들은 보통 정부지원이 가장 필요한 시기, 즉 경기침체기에 가장 필요한 지원책들이었다. 굶주리는 사람들을 위한 식료품 지원 프로그램, 저소득층 아이 돌봄, 기타 복지 프로그램 등이 흔히 도마에 올려졌다.

연방정부가 재정을 지원하는 일자리보장 프로그램이 있다면, 주정부는 항상 (특히 경기침체기에) 재정 부담을 크게 덜 수 있을 것이다. 주정부의 사회지출 수요를 줄이기 때문이다. 주정부는 여전히 일자리보장 프로그램을 설계하고,

실행하고, 관리할 자율권을 유지할 것이다(이에 관해서는 이 책의 제5장 참조). 하지만 각 주는, 일자리 창조에는 거의 아무런 역할도 하지 않는 기업들을 유인하기 위해 주 간 바닥치기 보조금 경쟁에 매달릴 필요가 없게 된다.

노동 표준과 새로운 사회계약

일자리보장제는 좋은 일자리에 관한 노동 표준을 설정함으로써, 새로운 사회계약을 구축하게 한다. 어떤 일자리가 빈곤 수준의 임금만 지급한다면, 좋을 게 무엇이란 말인가? 우리 앞에 놓인 임무는 실업과 빈곤 임금 일자리 모두를 근절하는 일이다. 일자리보장제의 목적 중 하나는 인간의 존엄을 지키는 노동 표준이란 무엇으로 구성되는지 재고하여, 그것들을 프로그램에 반영하는 일이다. 이 고려 사항에는 최소로 수용 가능한 생활 급여, 사회보장제도 가입, 노동 시간, 노동 조건 등이 있다. 또 하나의 목적은 먹고 살기도 어려운 수준의 급여를 지급하는 민간 기업의 노동 관행에 마침표를 찍는 일이다.

하나의 노동 표준을 확립하는 여정은 먼 길이다. 뉴딜 시절 루스벨트가 프란시스 퍼킨스를 노동부 장관으로 불렀을 때, 그녀는 연방 최저 임금, 노동 시간 단축, 고용을 위한 공공 서비스 프로그램 재활성화 등의 조건(이는 당시 신기원을 이루는 입법 의제들 중 일부에 지나지 않는다)을 대통령이 지원해야 한다는 조건을 제시했고, 양자가 이에 합의했다. 주당 40시간 노동이 타협안이었고, 그녀는 이 법안이 통과되는 데 이바지했다. 매우 유명한 그 이전의 30시간 안은 아슬아슬하게 실패했다. 최저 임금 또한 모든 노동자로 확대되지 못했다. 오늘날에도 최저 임금은 생활임금을 보장하지 못하고 있다. 노동 시간 법안만큼이나 유명한 시간당 15달러 입법 과정은 주정부 수준에서 더디게만 진행되었다. 미국의 전체 노동자 중 40% 이상이 이보다 낮은 임금을 받고 있는데도 말이다. 노동법을 강화하고 최저 임금 인상을 넘어서는 연방정부 차원의 활동이 필요하다.

일자리보장제는 경제 전체에 진정한 최저 임금을 보장하게 한다. 앞서 지적한 것처럼, 빈곤 임금 이하의 일자리는 생활임금이 지급되는 공공 일자리와 경쟁하게 될 것이고, 기업들 또한 직원을 채용할 때 이 기준에 부합하라는 압력을 받게 될 것이다. 일부는, 일자리보장제의 이런 특징이 현재 민간부문에 저임금으로 고용되어있는 수백만의 노동자를 끌어들일 것이라 우려한다. 하지만 그런 대탈출을 두려워할 이유가 전혀 없다. 기업들이 새로운 표준을 충족하기 위해 반드시 대응할 것이기 때문이다. 기금까지 기업들의 행태를 보더라도, 생활임금 관련 지방 조례가 개정되면 기업들은 새롭게 규정된 임금을 수용하곤 했다. 일자리보장제의 경우도 다르지 않을 것이다. 최근 아마존이 행동으로 보여쳤듯(직원 임금을 시간당 15달러로 올리라는 비난 때문이긴 했지만),[5] 기업들은 말 그대로 하룻밤 사이 그렇게 할 수 있다.

둘째, 일자리보장제로부터 임금 경쟁에 직면한 기업들이 문을 닫을 것이라 예상하는 것은 합리적이지 않다. 가족들은 여전히 패스트푸드 식당에서 식사를 할 것이고, 월마트와 홈디포에서 생활용품을 살 것이다. 더 가능성이 큰 예상이라면, 일자리보장제로 늘어난 소득은 더 많은 수요와 더 유리한 경제 환경을 창출하여, 기업의 매출과 이윤을 증가시킬 것이다. 이 효과 덕분에, 기업은 일자리보장제 임금 수준으로 급여를 올리고 채용을 늘릴 수도 있다. 최저 임금에 관한 연구 결과는 명확하다. 즉, 임금 인상이 고용 감소를 유발하지 않는다.[6] 일자리보장에 관한 최근 연구(이 연구 결과는 다음 장에서 요약하여 제시한다) 또한 이 효과를 연구모형에 포함하여, 일자리보장제가 그런 대탈출은커녕 민간부

---

5 Isobel Asher Hamilton, "Amazon is Raising Its Minimum Wage to $15 Following Pressure from Bernie Sanders," *Business Insider*, October 2, 2018.

6 Paul K. Sonn and Yannet Lathrop, "Raise Wages, Kill Jobs? Seven Decades of Historical Data Find No Correlation Between Minimum Wage Increases and Employment Levels," *National Employment Law Project*, May 5, 2016.

문의 성장과 고용을 영구적으로 증가시킴을 발견했다.

이미 최저 임금이 낮고, 평균 이상의 빈곤율과 실업률을 기록하고 있는 남부의 주들에서도 시간당 15달러의 일자리보장제 임금은 소득, 고용, 수요를 다른 주들에 비해 빨리 증가시킬 것이므로, 더 큰 경제발전 효과를 기대할 수 있다. 미국의 각 주 혹은 도시들도 이미 생활임금 조례를 시행하고 있는바, 일자리보장제 최저 임금은 이를 보완하는 수단으로 선택할 수 있을 것이다.

마지막으로, 일자리보장제가, 예컨대 주 35시간에 해당하는 전일제 급여와 사회보험을 제공한다면, 이는 노동시간 표준을 낮추는 데도 도움이 될 것이다. 독일과 프랑스는 이미 주 35시간제를 채택하고 있고, 독일의 노동조합들은 최근 수백만의 노동자를 위해 주 28시간 노동으로 단축했다.[7]

서비스 부문에 요긴한 것

이러한 새 노동 표준은 특히 서비스 부문 노동자들에게 큰 혜택을 줄 것이다. 오늘날 미국 제조업은 전체 노동력의 8% 미만을 고용하고 있으므로, 일자리보장제 프로그램에

---

7 Alanna Petroff, "German Workers Win Right to 28-Hour Week," *CNN Business*, February 7, 2018.

서 민간부문으로 이직하는 노동자 대부분은 서비스 부문에 취업하게 될 것이다. 제조업 고용의 감소는 세계적 추세이고, 중국과 한국 같은 제조업 중심 국가조차 예전 고용 수준을 유지하기 위해 제조업에 의존할 수 없게 되었다. 우리는 제조업 일자리에 향수를 느끼곤 한다. 그것이 제공한 안정된 가정과 그것이 만들어 낸 공동체를 갈망하는 것이다. 하지만 조직 노동이 단결하고 정부도 작업장 안전, 노동 시간 제한, 최저 임금 등을 법으로 정하지 않는 한, 제조업 일자리도 불안정하고 저임금을 지급한다는 점을 쉽게 잊는다. 그런 변화들이 크게 발전한 것은 사실이지만, 여전히 부족하다. 그러한 제도적 변화는 노동 조건에 관해 노동자와 사용자 사이의 상호 기대와 의무의 정도에 달렸다. 남성 노동자에게 가족 임금(여성에게는 "용돈" 정도의 급여)이 제공되는 사회계약의 시대는 이제 영원히 지나갔고, 서비스 부문 노동에 대해서는 그만큼의 임금과 생활 수준을 보장하지 않는다.

하지만 현대 경제에서 압도적으로 다수의 일자리가 우리가 포괄적으로 **돌봄 노동**이라 부를 수 있는 것들이다. 즉, 이들 대부분은 사회를 양육하고 재생산하는 일을 다루는 서비스 부문 고용이다. 우리는 스스로 이동하고, 스스로 먹고 입고, 스스로 즐겁게 하고, 스스로 교육하고 치유한다. 그러나, 이 일 중 다수가 저평가되고 낮은 임금만이 지급된다. 서비스 일자리가 과거 제조업 일자리가 누렸던 지위를 얻게 하려면 어떻게 해야 할까? 최저 임금과 고용 안정을 보장하는 법률을 제정하는 것으로는 불충분하다.

일자리보장제는 대중과의 새로운 계약을 제안한다. 오늘날 다국적 기업들은 과거 한때 포드자동차가 채택했던 방식, 즉 구매력과 기업이 생산한 제품에 대한 수요를 진작시키기 위해 노동자 급여를 인상할 유인이 없다. 생활임금을 지급하는 일자리 프로그램을 운영하는 공공 정책 옵션은 구조적 전환을 꾀하는 전략으로, 그런 유인을 제공한다. 이는 기업들을 불구덩이에 올려놓고 다음과 같이 요구한다. 일자리보장제가 시행되는 나라에서 영업을 계속하고 싶으면, 최소한 일자리보장 프로그램이 지급하는 급여 수준에 맞추라고.

어떤 사람은 기업들이 더 많은 일자리를 저임금 국가로 아웃소싱하는 방식으로 대응하지나 않을까 우려할 것이다. 하지만 그럴 수 없을 것이다. 미국에서 서비스 부문이 전체 고용의 80%를 차지하는데, 서비스 일자리 대부분이 쉽게 아웃소싱될 수 없는 것들이기 때문이다. 콜센터나 일부 회계 서비스 등은 그럴 수 있을지 모르지만, 학교, 마트, 식당, 교통, 집수리, 건강 검진, 투석 센터, 은퇴자 전용 아파트, 골프장, 극장 등은 해외로 실어 나를 수 없다. 급격한 자동화도 불가능하다. 이 부문 노동자에 드리워진 주요 위협은 아웃소싱이나 자동화가 아니라, 규모 감축, 임금 삭감, 직장내 괴롭힘, 사회보험 상실, 기타 고된 노동 환경 등 사용자가 비용 삭감 경쟁을 벌이면서 발생하는 일들이다. 노동자는 나쁜 일자리를 "거부"할 힘이 없다. 하지만 온당한 급여가 제공되는 좋은 일자리 옵션이 보장된다면, 그렇게 할 수 있다.

그 외의 편익들: 이직, 사전 분배, 안전망

일자리보장제는 새로운 임금 하한선을 형성하여 민간 고용주들도 따르게 하는 한편, 일자리 재배치(job-placement) 프로그램으로도 봉사할 수 있다. 이는 실업에서 취업으로, 일자리보장제 일자리에서 민간부문, 공공부문, 혹은 비영리부문으로 이직할 수 있게 돕는다. 이는 또한 현장 실습, 자격증 발급, 직업교육, 그리고 기타 다양한 서비스를 제공하여 프로그램 참가자들에게 다른 부문으로의 이직을 훈련하고 준비하게 한다. 일자리보장제는 첫 직장을 얻는 데 어려움을 겪는 청년, 일자리를 찾는 전과자, 재취업에 큰 장벽을 경험하고 있는 장기 실업자, 노동시장 복귀를 희망하는 전업주부 등에 특히 유익하다. 다른 취업으로 넘어가는데 필요한 징검다리 역할을 하기 때문이다. 하지만 가능한 한 많은 사람이 공공 프로그램에서 벗어나도록 모든 노력을 기울일 때조차, 민간부문은 여전히 모두를 고용하지는 않을 것이다. 일자리보장제는 그 나머지 사람들에게 항상 가동되는 고용 안전망을 지속적으로 제공할 것이다.

경제 전반에 걸친 생활임금 하한선은 수백만 가계에 눈에 띨만한 소득 증가를 가져다줄 것이다. 이를 통해, 저소득층의 임금이 고소득층보다 빠르게 증가하여 소득 불평등도 완화된다. 일자리보장제는 불평등 문제 해소를 위해 사전 분배 방식을 활용한다. 고용과 소득의 노동분배몫을 증가시키고, 사회적으로 유용한 생산물[일자리보장 프로그램이 제공하는 공공 서비스를 의미한다. 이는 무료로 제공되기 때문에, 사실상 실물 복지 급여라 할 수 있다-역자]을 더 많이 창출하기 때문이다. 그렇다고, 이것이 걷잡을 수 없이 확대된 불평등을 해소하는 만병통치약이란 말은 아니다. 최상위 집단에 부와 소득이 점점 더 집중되는 문제를 다룰 정책 또한 필요하다.

일자리보장제는 사회 안전망의 여러 측면을 강화해 준다. 예를 들어, 사회보장연금(Social Security)처럼 포괄적 사회보장 프로그램이라도 보편적 사회보장으로서 아직 부족하다. 노후연금 급여를 수급하지 못하는 비중이 겨우 4%에 불과하긴 하지만, 이들 중 95%는 수급 자격을 얻기에는 소득 이력이 짧은 사람들이다.[8] 이 연금에 가입되어 있지만,

---

8 Kevin Whitman et al., "Who Never Receives Social Security Benefits?," *Social Security Bulletin*, 71(2), 2011, at

빈번히 소득단절을 경험한 사람의 빈곤율이 57%에 달하고 있다. 일자리보장제는 이런 사람들에게 단절 없이 지속적으로 일할 기회를 제공하여, 노후연금 수급 자격을 얻을 수 있게 해준다. 이는 또한 더 넉넉한 노후보장을 제공하는 일자리로 이직할 가능성을 제공하기도 한다.

일자리보장제는 또한 교육 정책과 이민제도 개혁을 강화할 수 있다. 맥밀란 코톰(McMillan Cottom)의 주장에 따르면, 이는 학생(특히 유색인종 학생)의 교육 수익률(return to education)을 증가시키므로, 가장 좋은 교육 개혁이다.[9] 이제 노동자 가정이 절망적 선택을 할 필요가 없다. 이민 개혁과 관련하여, 일자리보장제는 불법체류 청소년 추방 유예 제도(DACA) 하에서 보호받는 "꿈에 부푼 이민자"에 취업 기회를 제공할 수 있다. DACA 해당 이민자에게는 운전면허증 취득, 대학 입학, 법적으로 취업이 허용되는데, 일자리보장제는 이들에게 일자리를 제공한다. 추가적인 입법이 이루어진다면, 이 프로그램 참가는 DACA 해당 당사자 본인뿐 아니라 부모와 기타 비인가 이민자들에게 시민권을 획득하는

---

https://www.ssa.gov/policy/docs/ssb/v71n2/v71n2p17.html.

9   Tressie McMillan Cottom, "Raising the Floor, Not Just the Ceiling," *Slate Magazine*, January 23, 2014.

길이 될 수 있다.

안전망은 일하는 사람과 일하지 못하는 사람 모두에게 경제적 안정을 제공하도록 설계해야 한다. 일자리보장제는 여러 소득 지원 제도를 보완하는, 노동자 가족을 위한 프로그램이다. 장애를 가진 사람, (아이, 병자, 노인, 장애인 등에 대한) 가족돌봄 제공자, 학생, 은퇴자 등 모두가 경제적 안정이 필요하다. 이들의 필요를 충족시키기 위해 새로운 정책이 도입되거나 기존 정책이라도 강화될 필요가 있다. 몇 가지 예를 들자면, 장애인 및 가족돌봄 제공자에 대한 보조금, 보편적 아동 수당, 학자금 대출 탕감, 무료 공립대학, 노인 생활 소득 지급 등이 그런 것이다. 당연히 일자리보장제도 일하지 않는 사람의 삶을 개선하도록 설계되어야 한다. 제5장에서 자세히 논의하듯, 이는 **돌봄**과 **보존** 노동을 중심으로 구성하여, 아동, 노인, 가족돌봄 제공자, 장애인 등에 혜택을 주는 공공 서비스에 최우선순위를 둔다. 졸업생에게는 인턴 또는 이직을 준비할 수 있는 일자리를 제공한다. 여전히 유급 노동을 희망하는 무급 가족돌봄 제공자의 부담을 완화할 수 있는 양질의 보편적 영유아 돌봄과 방과후 활동과 결합할 수 있다. (노인이나 환자의 집으로) 식사 배달 도우미, 정서 서비스(companionship), 병원 이동 도우미 등의 서비스도 일하지 못하는 사람들의 삶을 크게 개선할 수 있을 것이다. 하나의 중요한 사실로, 다수의 설문 조사에 따르면,

전업주부 부모, 가족돌봄 제공자, 장애인 등은 종종 비금전적 이유로 유급 일자리를 희망한다. 하지만 이들은 취업에 큰 벽을 경험하고 있다. 일자리보장제는 보편적 아동 돌봄과 기타 필요한 포괄적 공공 서비스와 함께, 이러한 일자리 기회의 공백을 채워준다.

일자리보장제의 열망은 거시경제 안정화 모델을 전환하고, 지속 가능한 환경을 유지하는 데 필요한 공공 서비스 일자리를 제공하며, 모두를 위한 온당한 수준의 생활임금 노동 표준을 확립하는 것이다. 다음 장에서 논의할 것이지만, 이러한 목적을 달성하는 데 장애물은 재정 문제가 아니다.

제4장
예산을 마련할 수 있을까?

"하지만 예산을 어떻게 마련할 수 있는가?"라는 질문은 오늘날 정치에서 가장 현실을 오도하는 질문이다. 크게 보면 이는 미국 연방정부 재정이 고갈될 수 있다는 미신에 기초한 질문이기 때문이며 실제로 더이상 질문거리조차 되지 못한다. 하지만 재정 문제는 많은 정책 제안을 반대하는 이유가 되고 있다. 정치인들은 근거 없이 인위적으로 정부부채 한계를 정하고, 정당화하기 어려운 페이고(pay-go) 예산 준칙[예산 총량을 미리 정해 놓고, 한쪽 지출을 늘리려면 다른 한쪽 예산을 삭감해야 한다는 재정 준칙-역자]을 제정하고, 고통스러운 균형재정을 유지하도록 법률을 개정하는 등의 방법으로 사활이 걸린 정책 프로그램 예산을 삭감하는 데도 이 개념을 활용한다. 주류 경제학자들 대부분도 도움이 되지 않긴 마찬가지다. NAIRU를 두고 그런 것처럼, 주류 경제학자들 또한 허구적 부채 혹은 부채/GDP 비율을 공익보다 우선시해 왔기 때문이다.

비용과 예산에 관한 우려는 다음과 같은 실체적 진실을 명확히 이해하고 논의해야 한다. 즉, 통화 주권을 보유하는 어떤 정부(미국 연방정부처럼)도 실물 자원(인적자원 또는 자연자원)을 고갈시킬 수는 있어도, 재정이 고갈될 수는 없다. 따라서, "일자리보장제를 위한 예산을 어떻게 마련할 수 있는가?"라는 질문에 대한 답은 "어떻게 실행해야 제대로 작동할까?"라는 문제(다음 장에서 논의한다)보다 훨씬 쉬운 질문이다. 여기서 우리는 "일자리보장제를 위한 재원 마련" 관련 질문에 대해 (1)현대 통화시스템의 성격과 공공 지갑의 권능(power of public purse) 검토. (2)일자리보장제에 필요한 지출과 현존하는 다양한 실업 대응 정책들에 이미 지출되고 있는 예산 비교. (3)구체적인 일자리보장제 예산 추정치와 장기에 걸쳐 효율적인 재원 마련 기준을 제시하는 등 세 가지 방향에서 답하고자 한다.

통화시스템과 공공 지갑의 권능

대규모 안전망, 공공 정책 옵션, 가격 지원 제도, 기타 보장 정책들은 연방정부(즉, 중앙정부)가 책임져야 할 중요한 경제적 이유가 있다. 주정부(지방정부)는 통화를 발행할 수 없기 때문이다. 이는 문자 그대로 그러하다.

전 세계 각 정부는 자신의 통화를 발행하고 통제하는 데 배타적 권한을 갖고 있다(이 특권을 포기한 일부 국가가 있긴 하다). 이 기초적이고 부정할 수 없는 사실이 내포하는 의미가 전반적으로 무시되고 있다. 이 특권은 정부에게 통화 주권을 부여하고, 경제적 필요에 따라 전폭적이고 유연하게 지출할 수 있는 능력을 부여한다. 현대화폐이론(MMT)으로 불리며 세계적 관심을 끌고 있는 경제 접근법은 통화 주권의 성격을 명확히 하는 문제를 경제 분석의 중핵으로 삼는다.[1] MMT를 구체적으로 설명하는 것은 이 책의 범위를 넘어서지만, 이 이론이 전달하는 메시지는 명확하고 결정적으로 중요하다. 즉, 통화는 정부의 창조물이고 정부가 독점한다. **현재에도 이미** 정부가 우선순위 정책에 재정을 투입할 때 통화가 발행된다. 통화는 정부가 지출함으로써 현실에 존재하게 되는 공공재이다.

대중은 직관적으로 이를 이해하고 있다. 은행을 구제하고, 억만장자들의 세금을 감면하고, 끝없는 전쟁 비용을 공급할 때 미국 정부는 즉시 '필요한 돈을 찾아내고 있다는 것'을 일상적으로 목격할 수 있다. 이런 일들에 지출하는 돈

---

1   L. Randall Wray, *Modern Money Theory: A Primer on Macroeconomics for Sovereign Monetary Systems,* Palgrave Macmillan, 2012.

은 중국으로부터 빌린 것도 아니고, 아직 태어나지 않은 미래 세대로부터 강탈한 것도 아니고, 부자들에게 공손히 머리를 조아리며 더 거두어들인 세금도 아니다. 의회가 해당 프로그램을 승인하고 예산을 책정하면, 정부 수표가 발행되고, 연준[중앙은행-역자]이 그 수표금을 지급한다. 정부 수표가 부도나는 일은 절대 없다.

달리 표현하면, 정부지출은 경제에 통화를 공급하는 반면 세금납부로 그중 일부가 유통되지 않게 된다. 세금은 정부지출에 따른 잠재적 물가상승 압력을 상쇄하는 효과를 낳는다. 세금은 또한 분배와 유인 체계에 큰 영향을 미치기도 한다. 하지만, 통상적으로 알고 있는 바와는 달리, 금이나 외환 등 그 무엇으로도 교환해 준다는 약속이 없고(fiat money), 외환에 대한 상대적 가치가 유동적인 주권 통화가 사용되는 세계에서, 세금은 정부지출을 위한 '재원'이 되지 않는다.

이런 사실은 뉴욕 연준 의장이었던 비어즐리 러믈(Beardsley Ruml)의 「재정 수입을 위한 세금이라는 관념은 낡은 생각이다」라는 1946년 논문에서 명확히 규명되었다.[2] 2008년 금융위기의 와중에 벤 버냉키(Ben Bernanke) 연준

---

2 Beardsley Ruml, "Taxes for Revenue areObsolete," *American Affairs*, 8(1), 1946: 35-9.

의장 또한 이를 확인해 줬다. 2008년 9월 의회가 예산을 책정하고, 연준에게 수천억 달러에 달하는 은행 부실채권 매입을 인가한 후 버냉키 의장은 다음과 같이 말해 이 사실을 분명히 했다. "그 돈[은행 구제를 위한 부실채권 매입 자금-역자]은 국민이 낸 세금이 아닙니다…우리는 은행들의 계좌에 잔고를 채워주기 위해 그저 컴퓨터를 사용할 뿐입니다."[3]

이와 동일한 재정 조달 역량은 모든 영역의 공익 목적 사업으로 확장할 수 있다. 안정된 임금으로 완전고용을 보장하는 일은 첫 번째 공익 목표이다. 진정으로, 자신이 가진 자원(즉, 주권 통화)을 지출할 수 있는 배타적 특권을 갖는 정부는 모두의 경제적 안정을 보장할 책무가 있다. 장기에 걸쳐 공공 정책 옵션을 보장할 수 있는 통화 주권을 보유한 정부의 역량은 가용 재정이 아니라 가용 **실물 자원**(real resource)에 제약된다. 국내 통화로 매입할 수 있고 아직 이용되지 않고 있는 유휴 자원이 존재하는 한, 정부는 항상 해당 자원을 고용할 수 있다. 일자리보장에 재정을 투입한다는 것은, 이 프로그램을 통해 유통에 투입된 통화가 항상 구체적이고 사회적으로 유용한 노동으로 뒷받침됨을 뜻한다[일자리보장제에 정부가 재정을 투입하면 시중 통화량이 증가하고,

---

3 Ben S. Bernanke, Interview with CBS program *60 Minutes*, March 15, 2009.

증가한 통화만큼 고용과 그것이 창출하는 서비스의 양도 증가한다는 의미이다-역자].

이를 이해하면, 우리 앞에 놓인 경제적 가능성에서부터 대중이 정당하게 정부에 무엇을 요구해야 하는지까지, 모든 것이 달라진다. 일부 국가는 이 근본적 주권을 양도(EU와 같은 통화동맹이 대표적)하고, 그 결과 가장 핵심적인 공적 기능(예컨대, 일부 사회안전망, 은행 예금, 사회보험, 무위험 정부 채권 등)을 포기하기도 한다.

그렇다면, 질문은 일자리보장제 예산을 어떻게 마련할 것이냐가 아니라, 이 제도를 시행하면 어떤 경제적 결과가 나타날 것인가가 되어야 한다. 따라서 이 프로그램의 금전적 비용을 물적 비용으로부터 분리하고, 현재처럼 실업을 계속해서 유지할 때 발생하는 물적·금전적 비용과 대비해 보는 것이 유용한다. 결론부터 말하면, 두 측면 모두에서 일자리보장제가 우월하다.

물적 비용 대(對) 금전적 비용, 그리고 편익

만일 통화 주권을 보유한 정부가 재정적으로 제약되지 않다면, 우리는 재정이 잘 지출되었는지 어떻게 평가할 수 있을까? 공공 통화가 공공재를 위해 효과적으로 지출되게 하려면 우리는 어떤 기준을 사용해야 할까?

한 가지 기준은, 여러 일자리 창출 정책들의 상대적 고용 효과를 비교하는 방법이다. 즉, 순신규 일자리 면에서 흔히 말하는 "가성비"를 따져보는 것이다. 다른 하나는 일자리보장제가 현존하는 실업의 물적·금전적 장기 비용을 얼마나 줄일 수 있을지를 고려하는 것이다. 세 번째 기준은 이 예산이 완전고용을 유지하면서도, 물가상승 환경에서는 축소되고 경기침체 환경에서는 확대되는 등 경기변동과 반대 방향으로 변화할 수 있는지를 평가하는 것이다.

2008년 금융위기의 여파에 대응하여 취해진 안정화 정책을 생각해보자. 미국 의회는 2009년 경기회복 및 재투자 진흥법(American Recovery and Reinvestment Act of 2009)을 제정하고, 경제를 소생시키기 위해 향후 4년간 8,480억 달러의 예산을 책정했다. 공식적 추정치에 따르면, 이 부양책은 2009년에서 2012년 사이 연평균 130만에서 470만 개의 일자리를 창조하거나 **지켜냈다**.[4] 하지만 이는 같은 기간 공식 연평균 실업자 수 1,250만에서 1,500만 명(그리고 확장된 실업 정의를 적용하면 3,000만 명)을 고려하면,[5] 미미한 성과에

---

[4] "Estimated Impact of the American Recovery and Reinvestment Act on Employment and Economic Output in 2014," *Congressional Budget Office*, 2015, https://.www.cbo.gov/publication/49958.

[5] "Archive of Monthly Unemployment Data," Nation-

지나지 않는다. 8,480억 달러의 예산은 매우 통상적인 방식으로 지출되었다. 주로 감세, 실업보험 연장과 기타 소득 지원, 그리고 기업에 대한 보조금과 일자리 위탁 비용 등으로 구성되었기 때문이다. 이와는 반대로, 만약 일자리보장제가 실행되었더라면, 2,000만 명에게 생활임금(다소 넉넉한 현물 지원 및 사회보장 포함)을 지급하는 일자리를 만들기 위한 예산이면 충분했을 것이고,[6] 더구나 모든 공식적 실업뿐 아니라 감춰진 실업 일부까지도 일소할 수 있었을 것이다. 실제로 이 예상치 2,000만 명 모두를 고용할 필요가 없었을 가능성이 더 크다. 정부가 지속적으로 직접 고용을 늘렸더라면, 대량 해고 사태도 멈췄을 것이고(2009년 초 매월 평균 75만 개의 일자리가 사라졌던 점을 상기하자), 일자리 주도(job-led) 회복이 시작되어 기업들의 채용을 촉진했을 것이기 때문이다. 이러한 직접 고용 접근법이 채택되었더라면, 전후 역사에서 가장 오래 지속된 일자리 없는 회복도 피할 수 있었을 것이다.

---

al Jobs for All Coalition, https://njfac.org/index.php/jobs-and-job-security/405-2.

6 Pavlina R. Tcherneva, "Obama's Job Creation Promise," Policy Note 2009/1, Annandale-on-Hudson, NY: Levy Economics Institute of Bard College, 2009.

2009년에 정부는 더 큰 규모의 부양책을 위한 예산을 마련할 수 있었을까? 의심의 여지 없이 그렇다고 할 수 있다. 경기회복 부양책을 두 배 혹은 세 배 규모로 확대했더라면 회복이 더 빨랐을까? 당연히 그렇다. 그렇다면, 그런 경기 부양을 위한 대규모 재정적자가 구직자 모두에게 일자리를 찾아 줬을까? 그렇지는 않았을 것이다. 제3장에서 논의한 것처럼, 여러 이유로 기업들은 호황기에조차 실업자 모두를 채용하지 않는다. 또한, 깊은 침체기에 기업들이 실업자를 고용하도록 설득하려면 한없이 많은 재정지출이 필요할 것이다. 이와는 반대로, 일자리보장제는 실업 사무소에 찾아오는 모든 사람에게 고용을 보장한다. 이는 통상적 경기 부양책에 비해 상대적으로 작은 완전고용 예산(즉, 일자리보장 프로그램 참가자 1명당 급여)으로도 더 강력한 반경기 변동 안정화 효과를 가져온다. 완전고용 유지 목적의 정부지출도 더 효과적으로 줄일 수 있다.

감세와 보조금은 평상시에도 널리 활용되는 정책이다. 연방정부의 산업 보조금은 수천억 달러에 달한다. 이 돈 가운데 일부는 가격과 이윤(예컨대, 농업과 금융 산업)을 지원하고, 일부는 핵심 공공재(예컨대, 의료와 교육)를 민간이 공급하도록 하는 데 사용한다. 많은 경우 고용 촉진이라는 명시적 목적으로 지원금이 지급되기도 한다. 하지만 보조금은 일자리 창출 수단으로서 문제가 많은데, 특히 주정부에게 그렇다. 주정부는 연방정부처럼 통화 주권을 갖지 않기 때문이다. 주간(interstate) 보조금 경쟁은 필요한 조세 수입을 크게 감소시키지만, 일자리 창출 효과는 크지 않다. 관련 연구가 입증하고 있는 것처럼, 이렇게 주정부와 시정부(市政府)가 제공하는 조세 보조금은 주로 일자리를 다른 주로 이동시키는 효과를 낳는다.[7] 연방정부가 예산을 제공하는 일자리보장제는 연쇄적 고용 효과를 유발한다[일자리보장 프로그램이 일차적으로 고용을 증가시키면, 순차적으로 지역 경제의 소득과 수요가 증가하여 지역 산업과 기업의 매출과 이윤이 증가하고, 그 결과 민간부문 고용도 증가한다는 의미이다-역자]. 또한, 지역 산업을 유지하고 타 주로부터 기업들을 끌어오기 위한 주간 군비경쟁을 벌일 필요도 없게 된다.

제2장 논의가 잘 보여주듯, 실업은 비용이 많이 들 뿐만 아니라 이미 그 비용을 치르고 있다. 실업을 감내하는 기간이 길어질수록, 그 사회경제적 비용은 기하급수적으로 증가한다. 일자리보장제에 대한 지출은 우리의 인적자원과 자연자원에 대한 투자이기도 하고, 실업의 거대한 사회적 비용을 미연에 방지하는 일이기도 하다. 미국의 거대한 재소

---

7 Jason Wiens, "Entrepreneurship's Role in Economic Development," *Entrepreneurship Policy Digest*, June 11, 2014.

자 규모를 생각해보자. 2015년 수감자 1명당 평균 연간 비용은 33,000달러에 달했다. 이는 맞벌이 부모와 두 명의 아동으로 구성된 가정에서 한 명의 생활임금과 사회보험료를 합한 금액과 같다.[8] 많은 주에서 수감자 1인당 비용은 이보다 훨씬 높은 경우도 빈번하고, 어떤 경우에는 두 배에 달하기도 한다. 이와 동시에, 전과기록을 가진 사람이 겪는 취업 장벽이 매우 높고, 실업과 재범률 사이에 매우 강한 상관관계가 존재한다. 교도소에 대한 총 공공 지출은 급등해 왔지만, 재범을 줄이지도 못했다. 하지만 전(前) 재소자를 위한 일자리 프로그램은 재범률을 급격히 낮추는 것으로 입증되어 있다. 동시에, 쥐꼬리만한 임금을 지급하는 재소자 노동이 공공부문 정규직 고용을 대체하여 핵심적인 공적 기능을 수행하는 데 활용되고 있다(캘리포니아에서는 산불 진화에 투입하는 재소자에게 시간당 1달러, 일당 2달러를 지급한다).[9]

이것은 실업의 직접적인 물적·금전적 비용의 한 가지 예에 불과하다. 사실상 경제 구석구석에서 정부가 사회경제적 문제와 환경 재난(노숙자, 빈곤, 홍수, 공해 등)을 해결하기

---

8 Living Wage Calculator, MIT, https://livingwage.mit.edu.

9 Abigail Hess, "California is Paying Inmates $1 an Hour to Fight Wildfires," CNBC, November 12, 2018.

위해, 상식적인 예방과 재활(주택 건설, 일자리 제공, 인프라 강화 등)에 초점을 맞추는 대신, 엄청난 자원을 투입하고 있는 예를 쉽게 발견할 수 있다. 공공 지갑의 권능이라는 개념은, 방치와 빈곤 대신 고용과 재생을 위해 "재정을 투입"하는 것이 재정정책의 책임 있는 접근법이라는 처방을 내린다.

일자리보장제를 위한 예산

일자리보장제에 대한 정부의 직접 지출 추정치는 경제 상황에 따라 달라진다. 민간부문 고용이 경기변동에 따라 변화하고, 일자리보장제는 그와 반대 방향으로 움직일 것이기 때문이다. (다음 장에서 논의하는 것처럼, 현실 세계 사례는 이러한 반경기순환적 특성이 나타남을 보여준다) 따라서, 그 예산도 이런 경기변동을 수용하도록 기획되어야 한다.

    이 정책의 예산을 추정하고 그것이 경제에 미치는 효과를 숫자로 표현하기 위해, 레비경제연구소(Levy Economic Institute)의 연구팀이 미국을 대상으로 다음과 같은 특성을 가진, 매우 야심에 찬 프로그램에 대해 모의실험을 시행했다.[10]

---

10 L. Randall Wray et al., "Public Service Employment: A Path to Full Employment," Levy Institute Research Project Report, Annandale-on-Hudson, NY: Levy Economics Insti-

- 일자리보장제 임금은 15달러로 한다.
- 총임금의 25%를 비노동 비용(민간부문으로부터 구매하는 물품비)으로 추가한다.
- 총임금의 20%를 사회보험료(의료보험, 아동 돌봄, 유급 휴가)로 추가한다.
- 프로그램에 참여하는 노동자는 주당 평균 32시간을 일하는데, 전일제와 파트타임제 중 선택할 수 있다.
- 일자리보장제 노동자는 정부가 운영하는 사회보장 보험료(payroll taxes) 중 노동자 몫을 납부한다.
- 일자리보장제로 창출되는 총소득의 1/3은 연방 소득세 대상이 된다.
- 일자리보장제 운영을 위해 증세하지 않는다.

이 모의실험은 오랫동안 설계되고 발전되어 온 저량-유량 일치 모형인 페어 모형(Fair model)을 이용하였다. 모의실험에서, 이 제도는 2018년에 부분적으로 시작되어 12개월 후 완전히 실현되는 것으로 가정한다. 이 모의실험은 향후 10년 동안 경제성장, 민간부문 고용, 빈곤, 주정부 재정, 물가상승 등에 미치는 영향을 평가한다. 또한, 이 프로그램

―――
tute of Bard College, 2018.

에 소요되는 총지출과 재정에 미치는 순효과도 추정한다.

표 2는 최소 및 최대 한계 시나리오에 대한 추정치를 요약하고 있다. 두 시나리오 모두에서 이 프로그램으로 창출되는 세금 수입과 저소득층 의료보험 서비스(Medicaid)와 소득세 공제에 관해 보수적으로 가정했다. 또한, [일자리보장제가 시행되면 빈곤 인구가 크게 감소하여 관련 정책 비용이 감소할 것이지만-역자] 반빈곤 예산에서 절약되는 정부지출 감소분은 포함하지 않았다. 이 모의실험의 목적은 대규모 일자리보장제 프로그램에 필요한 소요 예산과 경제적 효과를 가늠해 보려는 것이다.

잠재적으로 절약되는 예산을 보수적으로 가정했음에도 불구하고, 이 프로그램이 정부 재정에 미치는 영향은 최대 한계 시나리오에서도 최고 GDP 대비 1.5% 미만으로 나타난다. 만약 실업에 대한 정부지출 감소분과 긍정적 사회경제적 승수효과를 모두 포함한다면, 일자리보장제가 재정에 미치는 영향은 거의 중립적이라 해도 무방할 것이다[즉, 일자리보장제 프로그램에 투입하는 지출과 그로부터 발생하는 추가 수입이 같아서, 이 프로그램을 위해 추가 재정을 지출할 필요가 없다는 의미-역자]. 물론, 경기침체가 심할 때 대개는 정부의 적자지출이 증가할 필요가 있으므로, 재정에 미치는 영향이 성공을 판단하는 기준은 아니다.

이에 더하여, 가구당 1명의 전일제 참가는 5인 이하 가

표2 일자리보장제 모의실험 결과

	최소 시나리오	최대 시나리오
절정기 일자리보장제 고용 (만 명)	1,160(2022년)	1,540(2022년)
이후 평균 일자리보장제 고용 (만 명)	1,110	1,470
절정기 실질GDP 기여 (억 달러)	4,720(2022년)	5,930(2022년)
이후 평균 실질GDP 기여 (억 달러)	4,400	5,430
절정기 민간부문 고용 증가 (억 달러)	330	420
이후 민간부문 고용 평균 증가 (만 명)	293	365
물가상승률	2020년 0.63%로 절정에 도달한 후 0.11%로 하락	2020년 0.74%로 절정에 도달한 후 0.09%로 하락
주정부 예산 증가(억 달러)	350	550
일자리보장제에 대한 연평균 직접 지출액(억 달러)	4,090(2020-27년)	5,430(2020-27년)
평균 순재정 효과(억 달러)	2,475	3,400
GDP 대비 순재정 효과(%)	0.98%	1.33%

구와 950만 아동(또는 모든 미국 빈곤 아동의 63%)을 빈곤에서 벗어나게 한다. 가구당 1명은 전일제로, 1명은 파트타임으로 참여하면, 8인 이하 가구와 1,240만 명의 아동(빈곤 아동의 거의 83%)이 빈곤에서 벗어나게 된다.

일자리보장제의 강력한 거시경제 효과와 기존 비용의 다소간 감축 효과를 고려하면, 일자리보장제 예산 추정치는 놀랍도록 작은 규모이다. 모의실험에서 이 대규모 프로그램은 최고치에 도달했을 때 1,160만 명에서 1,540만 명을 고용하고, 경제 전체(민간부문 포함)의 임금을 시간당 15달러로 높이고, 넉넉한 사회보장을 제공하며, 총임금의 25%에 해당하는 예산을 추가로 비노동 비용에 할당한다. 그 결과, 이 프로그램은 실질 GDP를 거의 5,000억 달러 증가시키고, 민간부문 고용을 300~400만 명 증가시킨다. 유의한 물가 상승 압력도 유발되지 않는다. 이 모두에 필요한 추가 예산은 겨우 GDP의 1~1.3%에 지나지 않는다. 이런 경우를 두고, 돈을 잘 썼다고 할 수 있을 것이다.

연방정부는 공공 정책 옵션, 가격 지원, 기타 보장제도 등을 제공한다. 정부는 시민들의 복지를 보장할 의무가 있을 뿐 아니라, 공공 지갑만이 갖는 권능을 보유하고 있기 때문이다. 통화 주권을 가진 정부만이 시민들이 의존하는 공공 정책 옵션에 지속적인 예산 지원을 보장할 수 있다. 현재 우리는 공공 지갑의 권능을 이용해 실업을 유지하는 체제(unemployment regime)에 돈을 쏟아붓고 있다. 이는 제대로 기능하지도 않고, 재정정책의 책임을 회피하는 방식으로 정부의 역량을 사용하는 것이다. 일자리보장제는 우리의 통화 주권을 활용하여 고용을 보장하는 체제(employment regime)에 예산을 지원해야 한다고 제안한다.

제5장
무엇을, 어디에서, 어떻게: 일자리 종류, 설계, 실행방안

1930년대 대공황의 와중에, 뉴딜은 단 몇 개월 안에 미국 모든 카운티에서 고용 프로젝트를 발주했다. 오늘날 이 카운티들은 실업 사무소를 운영하고 있고, 미국 일자리 센터(American Job Centers) 네트워크에 연결되어 있다. 이 네트워크는 노동부와 협조하여 구직자들에게 고용과 관련된 원스탑 풀 서비스를 제공하고 있다. 단, 괜찮은 일자리를 보장하는 일은 하지 않는다. 제1장에서 논의한 것처럼, 이 책의 제안은 이 실업 사무소를 진정한 고용 사무소로 전환하자는 것이다.

그러려면 무엇을 해야 할까? 어떻게 하면 모든 구직자에게 충분한 일자리를 보장할 수 있을까? 정확히 이들은 무슨 일을 하게 될까? 이 프로그램은 어떻게 조직되고 관리될까?

이런 질문들에 답하면서, 다음과 같은 사실이 제대로 이해되길 희망한다. (1)사회에는 이미 많은 자발적 프로젝트와 활동들이 존재하고 있는데, 이들의 규모를 확장하여 분권형(decentralized) 일자리보장제를 실행하는 데 활용할 수 있다. (2)일자리보장제를 위해 과거와 세계 곳곳의 모범 사례들을 참고할 것이므로, 특별한 수단을 새로 개발할 필요가 없다. (3)향후 수십 년 동안 수백만 개의 일자리를 만들어 낼 수 있는 긴급하고, 현재 진행되고 있고, 꼭 필요한 프로젝트들이 많이 있다. (4)이 프로그램은 사회를 민주화할 잠재력이 크다.

프로그램의 특징

앞서 묘사한 반경기순환적이고, 구조적이며, 예방적 효과를 내기 위해, 일자리보장제는 다음과 같은 설계상 특징을 제안한다. 이 프로그램은 참여자의 **자발성**에 기초해야 하고, **포용적**이어야 한다. 법정 취업 가능 나이가 지나고 일하고자 하는 사람이라면, 취업 상태, 인종, 성별, 피부색, 종교 등과 무관하게, 누구에게나 열려 있어야 한다. 이는 기존의 공공 근로 혹은 핵심적인 정부 서비스를 대체하려는 것이 아니다. 사람들이 일하고 급여를 받으므로, 시혜나 보조금이 아니다. 일하러 나타나지 않으면 혜택을 중단하겠다고 위협하거나, 자산조사에 기초하여 혜택이 선별적으로만 제공되는 근로연계복지(workfare) 정책도 아니다. 하지만 일자리보장 프로그램이 제공하는 생활 소득으로 인해, 사회복지 지출은 분명 감소할 것이다.

일자리보장제는 또한 **영구적**이고 **목표가 분명한** 프로그램이다. 이는 경제의 자동 안정화 장치로 기능하여 경기순환적 실업과 구조적 실업 모두를 해소하려는 정책이다. 이를 시행하면, **기본적인 임금-사회보장 패키지가 고정적으로 지급**되므로, 물가를 안정시키는 지지대 역할을 함과 동시에 모든 임금을 떠받치는 강력한 하한선이 형성된다. 우리는 시간당 15달러를 제안하여, 이른 시일 안에 전국 최저임금도 두 배로 인상되도록 압박하고자 한다. 시간당 15달러도 몇 년 내에 적정 생활 수준을 유지하기에는 충분하지 않게 될 것이므로, 이 프로그램이 제공하는 임금과 사회보장 서비스 수준을 매년 재평가하고, 필요하다면 조정하도록, 법률로 정할 것이다. 사회보험 가입, 의료보험과 양질의 아동 돌봄 서비스, 유급 휴가(유급 휴가가 없는 나라는 미국이 유일하다) 등이 일자리보장제 참가자들에게 제공되는 사회보장들이다.

이 프로그램은 **중앙 정부가 예산을 제공**하되, 분권적 방식으로 **지역에서 운영·관리**하도록 한다. 주 및 시정부, 비영리 단체, 사회적 기업, 협동조합 등이 지역 공동체의 필요를 평가하고, 이를 충족할 수 있는 프로젝트를 기획하게 된다(더 자세한 사항은 아래 참조). 미국 일자리 센터는 이러한 지역 기구들로부터 프로젝트 계획서를 접수하는 **지역 공동체 일자리 은행**(community jobs bank)으로 기능한다. 이렇게 하면, 섬세하게 설계되고 본보기가 될 만한 일자리들이 책장에 항상 준비된다. 물론 실험적 시도 또한 필요하고 환영한다.

일자리보장제는 일부 청년을 위한 수습 일자리를 제외하고, 민간영역에서 일자리를 만들지 않는다. 이 프로그램은 공공 서비스 고용에 초점을 맞추어, 민간 경제 활동과 경쟁하지 않도록 한다. 이는 또한 "풍요 속의 빈곤", "화려한 민간과 대비되는 저질의 공공 서비스"라는 쌍둥이 문제를 해결하는 데 도움이 된다. 제1장에서 제안한 것처럼, 다양한 능력과 경험을 가진 사람들이 스태프로 참여할 수 있는 수많은 고용 프로젝트를 상상해보는 것도 이상하지 않다.

공공부문만이 고용을 보장할 수 있다. 고용을 민간 기업에 강요하는 것은 가능하지도 바람직하지도 않다. 기업의 인력 채용은 경기 순행적이지만, 일자리보장제는 경기 역행적이다. 또한, 민간부문은 구직자의 능력과 필요에 부합하는 일자리를 만들지 않는다. 거기서는 거꾸로 기업의 필요에 노동자가 맞춰야 한다. 일자리보장제는 구직자보다 더 많은 일자리를 만들어서, 고용 기회를 개인의 능력에 **맞춘다**.

일자리보장제는 **직업훈련**, 교육, 자격증 발급, 수습 기회를 제공하여, 참여자들이 다른 형태의 유급 노동으로 **이직**하도록 한다. 이 프로그램은 퇴역군인, 위험 청소년, 전과자, 장애인 등 취약 계층의 필요에 민감하게 반응한다. 도움이 필요한 사람, 망가진 공동체, 또는 위험에 처한 환경 등 모든 형태의 방치를 해소하기 위한 **돌봄 일자리**(care jobs)에 최우선순위를 두기 때문이다.

일자리보장제 제안은 실업을 공중보건의 문제로 접근한다. 이는 실업이 가족과 지역 공동체의 건강에 영향을 미치는 방식뿐 아니라, 그 폐해가 퍼져나가는 방식 때문이기도 하다. 대량 해고는 한 지역에서 다른 지역으로, 그리고 진앙지에서 주변으로 퍼져나가는 전염 효과가 있다. 이는 실업이 바이러스처럼 퍼지므로 방역과 동일한 방식으로 대응해야 함을 의미한다. 따라서, 일자리보장제는 **사전 준비** 및 **예방**의 개념으로 설계되어야 한다. 전염병이 접근할 때, 국가적 위기 대응의 목표는 모두가 감염되는 최후의 순간까지 기다리는 것이 아니다. 계획을 세우고, 준비하고, 예방한다. 핵심 의약품과 의료용품을 비축하는 가장 거대한 정부의 전략적 저장소(Strategic National Stockpile)가 공중보건 위협에 어떻게 대응하는지를 생각해보자. 정부는 위급 상황에 백신, 치료제, 기타 의료용품을 각 지역에 공급할 수 있는 창고를 전국적으로 운영하고 있다. 이와 유사하게, 미국 일자리 센터는 일자리 프로그램에 참여하는 지역 단체들로부터 프로젝트 제안서를 모집하여 상비할 것이다. 이는 매 시기 진행되는 상황에 맞게 운영되므로, 일자리 요구에 따라 얼마든지 일자리를 제공할 수 있도록 충분한 프로젝트를 비축할 수 있다.

예산 지원 방법을 설계하면서 고려할 주요 사항으로, 예산은 유연하면서 **경기순환과 반대 방향으로 변동**하도록 계획해야 한다는 점을 들 수 있다. 이를 실행할 몇 가지 방안이 있다. 하나는 이 프로그램 예산을 정부 일반 예산에서 지원하는 방법이다. 이것은 현재에도 노인 의료보험(Medicare) 파트 D(Part D)를 통해 실행되는 방식인데, 이렇게 하면 신탁기금처럼 인위적 예산 제약 없이 영원히 지급 능력을 갖추게 한다[기금이 아니라 매년 정부 예산으로 지원해야 한다는 의미이다. 만약 기금방식으로 운영하면, 우리나라 국민연금 기금 고갈 논란과 같은 불필요한 재정 고갈 우려가 일어날 수 있기 때문이다-역자]. 또 다른 방법은, 재난 및 응급 구호에 사용하는 방식인데, 기초 예산과 보조 예산을 모두 책정하는 방법이다. 일자리보장제 임금과 물품비 예산을 주 및 지방 정부 노동부 부서로 배정하는 방법이다. 이는 긴급 실업 보험 급여 예산이 공급되는 방식과 같다.

운영 행정과 참여 민주주의

일자리보장제의 목적을 달성할 책임은 노동부에 있지만, 이 프로그램은 분권적 방식으로 더 잘 운영될 수 있다. 지역 공동체 일자리 은행을 기획하는 시정부는 지역 공동체 단체들과 협력하여 여론 조사를 수행하고, 지역 공동체의 필요와 활용 가능한 자원(노동 및 물적 자원)을 파악하고 분류하여 관리할 수 있을 것이다. 지역 공동체 조직들, 비영리 단체들, 사회적 벤처 기업들, 협동조합들, 이 모두가 노동부에 직접 예산을 신청할 수 있다. 지원금 승인은 다음과 같은 기준에 따른다. (1)실업자를 위한 고용 기회를 창출하는가, (2)현직 노동자들을 대체하는 영향이 없는가, (3)사회와 환경에 미치는 영향의 관점에서 유용한 활동인가.

일자리보장제는 행정 인프라 측면에서 새로운 행정 수단을 개발할 필요가 없다. 그런 것들은 이미 많이 존재하기 때문이다. 미국 일자리 센터는 이미 실업자들에게 실업 수당을 지급하는 업무를 수행하고 있으며, 구직활동 지원, 일자리 알선, 직업훈련, 중등교육 자격 과정(GED) 운영, 이력서 작성, 영어가 모국어가 아닌 사람들에 대한 영어 교육, 수학 및 읽기 훈련, 기타 1대1 서비스(스트레스 및 개인 재무 관리 과정) 등 다양한 실업자 지원 활동을 담당하고 있다. 이와 함께, 기초지방정부, 시정부, 그리고 비영리 기구 등도 이미 공공의 필요를 해결하는 프로젝트를 운영하고 있다. 이 모두가 인력 부족과 예산 부족을 겪고 있다. 일자리보장제는 이미 존재하는 행정 및 제도적 틀에 기반하여 구성되어, 지역 공동체의 다양한 필요를 충족하기 위해 지역의 자원을 활용할 것이다.

세계적으로 적용할 경우, 이 프로그램의 관리는 각 나라의 특성에 맞게 구성할 수 있다. 예를 들어, 아르헨티나에서는 매우 분권화된 지역 공동체 집단들의 네트워크가 각자의 프로젝트를 기획하고 운영했다. 브뤼셀에서는 단 하나의 공공 기관이 매우 정교한 고용 인프라 및 직업훈련 옵션, 사례별 사회복지사, 포괄적 토탈 서비스 등을 지원한다(더 자세한 내용은 아래 참조).

일자리보장 프로그램의 목적은 명확한 사회적 인정을 경험하게 하는 보상 활동을 제공하고, **상향식 설계**(bottom-up design)를 통해 참가자들에게 자율권을 부여하는 것이다. 이는 프로젝트 기획, 관리, 실행에 이해관계가 있는 시민, 공동체 구성원, 기타 이해 당사자들의 직접 참여를 촉진한다. 이러한 **참여 민주주의** 접근법은 세계 여러 곳에서 발견할 수 있다. 프랑스의 실업 제로 존(zero-unemployment-zone) 실험이나, 브라질과 독일에서 민주적으로 운영되는 공공사업 프로젝트 등이 그 사례이다. 세계적으로 참여 예산제 모델은 시민단체, 정보 기술, 그리고 다양한 조직 방법을 활용하여 지역 프로젝트와 예산 배정에 시민의 참여를 보장하고자 한다. UN이나 세계은행(World Bank) 같은 국제기구가 지지하는 참여 예산제와 젠더인지 예산제는 해당 프로그램의 효과성, 공정성, 그리고 전반적 결과를 크게 개선한다.

일자리보장제는 시민의 참여를 독려하고, 민간부문의 비참한 노동 관행을 압박하고, 공공재에 투자한다. 이 때문에, 작업장과 사람들의 일상생활, 나아가 경제 전체에 근본적 변화(transformative change)를 유도하는 역할을 한다. 즉, 민주화 경향에 지대한 영향을 미친다.

다른 제안들과의 차별성

이 프로그램이 창조할 수 있는 일자리 형태들을 더 자세히 살펴보기 전에, 이 제안에만 독특한 몇 가지 특징들을 강조하는 것이 유용할 것이다. 세상에 존재하는 모든 일자리 보장 제안들에서 발견되는 공통 요소는 인권이라는 관점, 그리고 품위와 최소 기준을 갖춘 일자리에 집중한다는 점이다.[1] 하지만 일자리보장제는 임금의 수준과 구조, 그리고 이

---

[1] See, for example, Philip Harvey, *Securing the Right to Employment: Social Welfare Policy and the Unemployed in the United States,* Princeton University Press, 1989. See also, William Darity and Darrick Hamilton, "Full Employment and the Job Guarantee: An All-American Idea," in *Full Employment and Social Justice,* edited by Michael Murray and Matthew Forstater, Palgrave Macmillan, 2017, pp. 195-204.

프로그램의 운영과 관리 방법에서 다른 제안들과 다르다.

여기서 설명하는 제안은 고정 생활임금과 기본 사회보장 서비스를 선호하며, 단계별 차등 임금 주장에 반대한다.[2] 차등 임금 구조는 뉴딜 시기 많은 정치적 논란을 일으켰고, 결국에는 많은 프로젝트에 대한 지원을 약화시켰다. 이 프로그램의 최저임금 하한선은 민간 고용주도 그에 따르도록 압박하지만, 모든 임금 수준에서 숙련 노동자를 두고 경쟁하지는 않는다. 그렇지 않다면, 지금도 상대적으로 빠른 소득 증가와 더 나은 고용 조건을 향유하고 있는 숙련 노동자들을 두고 임금 경쟁이 벌어질 것이기 때문이다. 여기서 목표는 단단한 생활임금 하한선을 확보하는 것이다.

이 제안에서 일자리 보장 임금은 또한 물가상승률에 연동하지 않는다. 자동적인 임금-가격 동반 상승 메커니즘이 작동하지 않도록 하기 위함이다. 대신, 정기적인 재평가 및 생산성 향상에 연동된 임금 인상을 법으로 정하길 제안한다. 이 제도가 번듯한 생활 수준을 유지하도록 하려는 이유이다. 일자리보장제 임금은 현재 최저임금(시간당 7.25달러에서 15달러 사이)보다 두 배 이상이기 때문에, 기업이 새로운

---

2 "H.R. 1000-115th Congress: Jobs for All Act," 2017, https://www.congress.gov/bill/115th-congress/house-bill/1000.

임금 수준으로 조정함에 따라, 물가가 1회 점프할 수는 있다는 점을 인지하자. 하지만 이러한 일회성 물가상승은 지속적인 물가상승과 혼동되어서는 안 된다. 이런 임금의 일회성 인상이 전례가 없는 것도 아니다. 1949년 경제가 거의 완전고용 수준에 다다랐을 때도 최저임금이 두 배 가까이 상승했지만, 가속적 물가상승은 일어나지 않았다.

덧붙이자면 이 제안은 고도로 분권화된 운영을 선호한다. 연방정부가 예산을 제공하긴 하지만, 일자리보장 프로그램에 참여하는 노동자는 대개 연방정부의 피용자가 아니다. 몇 가지 이유에서 분권형 모델이 선호된다. 첫째, 이 프로그램은 경제 상황에 따라 전체 노동력의 10% 수준까지도 고용할 필요가 있을 것이다. 만약 이들을 모두 연방정부가 고용한다면, 연방정부 고용은 현재의 5배로 증가해야 할 것이다. 이런 엄청난 공공 고용 확장을 수용하기에는 주정부와 기초 지방 정부, 그리고 비영리 기구들이 상대적으로 유리하다. 이들은 이미 총고용의 약 20%를 차지하고 있기 때문이다.

비종교적, 비정치적 비영리 기구를 프로그램 운영에 포함하는 것은 민주화 잠재력을 크게 높인다. 그런 기구들은 사회혁신의 중요 원천이고, 연방정부 또한 이미 이들과 관계를 맺고 있다. 지역 비영리 기구 및 협동조합의 다양성은 민주적 의사결정을 제고할 수 있다. 지역 공동체에 봉사하는 단체들은 이미 연방정부가 자신이 속한 지역 주민들의 주요 민원을 해소하는 데 협조하라고 압력을 넣고 있다. 협동조합들은 조합원들에게 자율권을 부여하고, 더 많은 공동 자산을 창조하고, 공동체에 재투자하는 모습을 보여왔다. 진실로, 상호 연관된 기관들의 폭넓은 집합이 이미 공익을 충족시키고 있다. 이들을 일자리보장제 기획에 포함하면 시민사회를 확장하는 데 크게 도움이 될 것이다.

여기서 제시하는 제안은 또한 일자리 창조를 위해 대규모 인프라 건설에 의지하지 않는다. 인프라 투자는 영원히 정부의 역할이다. 지금까지는 전반적으로 투자가 부족하고 방치되어 오긴 했지만. 제방, 다리, 고속도로 등 필수적인 프로젝트는 경제 상황에 따라 변동을 거듭하거나 중단되어서는 안 된다. 그리고 여기에는 보통 노동조합에 가입된 고숙련 노동자를 채용하는 경우가 많기 때문에, 일자리보장제가 이들을 대체하지 않도록 신중히 설계되어야 한다. 하지만 일자리보장제는 경제 상황에 따라 프로젝트를 추가하거나 연기된 소규모 프로젝트를 기획할 수는 있다. 강력해진 허리케인, 토네이도, 화재, 홍수 등의 충격을 예방하고, 완화하고, 견딜 수 있도록 우리의 국가 인프라를 설치하고 강화하는 일은 대규모 노동력과 즉각적인 행동을 요구한다. 주요 인프라 건설 프로그램을 그린뉴딜 산업정책의 일부로 포함한다면, 일자리보장제는 그 빈틈을 채우는 작은 일들에 집중하게 된다.

일자리의 형태들: "국가돌봄법"(National Care Act)

말을 탄 천 명의 여성들. 이들은 유랑하는 뉴딜 도서관 사서로, 1935년부터 켄터키주의 가장 외진 곳에 책을 가져와 도서관을 건설했다. 이 여성들은 29개 카운티를 말을 타고 누비고 다녔고, 때로는 하루에 100마일[약 160km-역자]을 달리기도 했다. 지형이 험한 곳에는 걸어서 책을 날랐다. 이들의 영향은 지대했다. 그 혜택을 누린 한 사람은 이렇게 표현했다. "그분들이 가져온 책들이 우리 목숨을 구했습니다".[3] 45개 주에서 봉사하며 14,500명을 고용했던 공공산업진흥국(Works Progress Administration, WPA)의 도서관 프로젝트는 실업과 문맹이라는 두 가지 문제를 동시에 해결했다. 도서관 대부분이 주로 민간 자본으로 건설되고 대부분의 사람이 책을 접할 수 없던 시절에, 이 "비숙련" 실업 여성들은 가장 외진 지역에 공공 도서관을 제공했다. 이들은 오늘날 사회적 생명의 영원한 구성 요소로 여겨지는 것(전국 어디에나 존재하는 도서관)을 위한 공공 계획에 기여했던 것이다.

오늘날에는 지역 공동체마다 각기 다른 것을 필요로 하고, 이를 해결할 더 큰 역량을 보유하고 있다. 말을 타는 도서관 사서가 더는 필요하진 않지만, 지역 공동체를 고통

---

3 Sandra Opdycke, *The WPA: Creating Jobs and Hope in the Great Depression*, Routledge, 2016.

스럽게 하는 다른 종류의 방치가 존재한다. 이는 주로 환경적 요인과 핵심 공공 서비스에 투자하지 않아서 일어나는 문제들이다. 일단 생산적 노동에 대한 이해를 넓혀보면, 어떤 프로젝트라도 다 기획할 수 있다. 예를 들어, 임박한 환경 위협을 해결하려는 프로그램은 다가오는 몇 년 동안 수백만 개의 공공 서비스 일자리를 만들어 낼 수 있다. 서로 다른 기술을 가진 사람들이 수행할 수 있는 눈에 보이지 않는 환경 일거리는 무수히 많다. 또한 저평가되고, 급여가 지급되지 않고, 거의 무시되지만 매우 중요한 돌봄 일자리 또한 무수히 많다. 여기서 녹색 일자리란 우리의 가장 가치 있는 인적자원과 자연자원의 모든 방치와 결핍을 해결하려는 노력으로 정의된다. 따라서 일자리보장제는 국가 돌봄 계획으로 인식되어야 한다. 그 가운데 환경 돌봄, 사람 돌봄, 지역 공동체 돌봄을 최우선순위에 둘 것이다.

- 환경 돌봄

1930년대 루스벨트의 나무군대(Tree Army)는 30억 그루의 나무를 심었고, 711개의 주립 공원을 복구했고, 125,000마일[약 20만km-역자]의 트럭 전용 도로를 건설했고, 800개의 주립 공원을 새로 개발했고, 4,000만 에이커[약 490억 평-역자]의 농지 침식을 막았고, 국유지의 가축 방목 환경을 개선했고, 야생동물 개체 수를 증가시켰다.[4] 이 프로젝트는 미국 환경보호 운동(오늘날의 기후 행동의 전신)에 새 생명을 불어넣었다.

1930년대 대공황 동안 실업과 건조지대[Dust Bowl, 모래폭풍으로 유명한 미국 대초원의 서부 지역-역자]가 수많은 농촌 지역 사회에 실존적 위협이었다면, 오늘날 기후 위기는 지구 전체를 위협하고 있다. 가장 심각한 환경 문제의 다수가 농촌이든 도시든 정확히 사람이 사는 지역에서 일어난다. 홍수가 인프라를 제압하고, 산불이 도시를 위협하며, 사람들은 위험 폐기물 근처에 주택을 짓고 살아가고 있다. 도시들은 이미 도심 나무심기를 공중보건 인프라로 여기고 있다. 도심 속 나무들이 공기를 깨끗하고 청정하게 하고, 기온 상승을 억제하며, 수질을 개선하고 지표면 위를 흐르는 물[홍수 예방-역자]을 조절하기 때문이다. 홍수 예방, 생태 조사, 멸종 위기 생물 모니터링, 나무 심기, 공원 보존과 재생, 침입성 식물 제거, 지역 어장 구축 등 우리가 생각할 수 있는 환경 프로젝트는 끝이 없다. 이런 프로젝트를 통해, 지붕 위 정원을 만들고, 화재와 재난 예방 대책을 강화하고, 주택

---

4 John C. Paige, *The Civilian Conservation Corps and the National Park Service: 1933-1942. An Administrative History*, US Government Publishing Office, 1985.

의 단열을 보강하고, 식량이 생산되지 않는 지역에 화학비료가 아니라 퇴비를 사용하여 지속 가능한 농업을 구축하는 사업들을 시작할 수 있다.

- 지역 공동체 돌봄

환경을 재건한다는 말은 지역 공동체 재건을 의미하기도 한다. 공터 대청소, 버려진 자원 개간, 소규모 인프라 시설 건설 및 복원, 학교 정원 만들기, 도시 농업, 공동 작업실, 태양광 패널 설치, 공구 도서관, 다양한 강좌와 프로그램, 놀이터 만들기, 역사 유적지 복원, 마을 극장 조직, 카풀 프로그램, 재활용, 물 재사용과 집수 시설 건설, 음식물 쓰레기 프로그램, 이야기로 들려주는 역사 프로젝트, 이런 것들이 지역 공동체 돌봄이 만들 일자리들이다.

- 사람 돌봄

위에서 언급한 위험 지역에서 살아가는 사람들이 직면하는 이슈들은 위에서 지적한 환경 위험을 넘어선다. 노인 돌봄, 방과후 학교, 환자나 장애인 등에 음식 배달 등의 서비스를 제공하고, 아이들, 위험 청소년, 퇴역군인, 출소자, 장애인 등을 위한 특별 프로그램을 운영하는 일 등, 이 모두가 일자리보장 프로그램의 일부가 될 수 있다. 이 프로그램은 이것으로부터 혜택을 받고 있는 사람들에게 일자리 기회를 제공하기 때문에 대행 역할을 할 수도 있다. 예를 들어, 퇴역 군인이나 장애인은 자신이 도움을 받고 있는 봉사 활동에 참여하여 해당 프로그램 운영을 도울 수 있다.

다른 예로, 각 학교 학생들의 영양조사, 젊은 엄마들을 위한 건강 인지 프로그램, 학교와 지역 도서관이 개최하는 어른을 위한 자기계발 강좌, 종일반 아동 돌봄 등의 조직, 교사, 운동 코치, 호스피스 노동자, 도서관 사서 등을 보조하는 일 등도 있다. 일자리보장제는 또한 지속 가능한 농업의 일환으로 도시 농장, 협동조합, 강좌 및 훈련, 수습 등을 조직할 수도 있다.

위에서 언급한 모든 지역 공동체 돌봄 일자리는 도시 선생님, 예술가 및 장인, 소소한 물건 제작, 투자자 등의 신세대를 창출할 수 있다. 사실상 이 모든 역할은 이미 이런저런 형태로 실행되고 있다. 하지만 도움의 손길과 인력을 충원할 재정이 부족하여 이런 서비스 공급이 부족하다. 일자리보장제는 이미 존재하는 최선의 모범 사례와 프로젝트의 규모를 확대하여 이런 공백을 메울 수 있다.

현실 세계의 사례들

세계의 직접 고용 프로그램으로부터 배울 점이 많다. 물론 그런 사례들 대부분이 특정 집단으로 한정되고 한시적이었긴 하다. 눈에 띄는 하나의 예외적 사례로는 인도의 전국 농촌 고용 보장법(National Rural Employment Guarantee Act, NREGA)을 들 수 있다. 이는 (비록 보편적으로 적용된 것은 아니었지만) 취업권을 법률로 정해, 각 농촌 가계에 연간 최소 100일 동안의 유급 일자리를 보장한다. 과거와 현재에 시행된 대규모 일자리보장 프로그램의 예로 미국의 뉴딜, 아르헨티나의 가장(家長) 고용 계획(Plan Jefes), 남아프리카공화국의 공공 근로 확대 프로그램, 1980년대 말까지도 정부가 사실상 최종 고용자(employer of last resort)로 역할 했던 스웨덴의 전후 조합주의 모델 등을 들 수 있다.

1930년대의 뉴딜은 미국 실업률이 30%에 육박하던 시기에 대규모 공공 서비스 부문 고용을 개척했다. 1,300만으로 추정되는 노동자가 공공산업진흥국(WPA)이 운영한 가장 대규모 일자리 프로그램에 참여했는데, 이는 미국을 21세기로 인도한 정책으로 평가된다.[5] 이 프로그램으로 다양한 공공 서비스 계획이 수립되고 일자리가 만들어졌다. 또한, 전쟁물자 공급과 전후 호황을 뒷받침한 인프라도 건설되었다. 이와 유사하게, 아르헨티나의 가장 고용 계획은 실업률이 20%를 넘어서던 2001년 시작되었지만, 주로 지역

---

5 Nick Taylor, *American-Made: The Enduring Legacy of the WPA: When FDR Put the Nation to Work*, Bantam Books, 2009.

공동체를 위한 소규모 프로그램에 초점이 맞춰 있었다. 뉴딜과 가장 고용 계획은 중앙 집중적 프로그램(뉴딜)이든 권분적 프로그램(가장 고용 계획)이든 즉시 계획하고 실행하는 것이 가능함을 입증했다.

두 프로그램 모두 명백히 경기 역행적 효과를 보여주었다. 1930년대 대공황의 한복판에서 실시된 뉴딜 정책으로 실업이 감소하기 시작했다. 하지만 루스벨트 침체기(Roosevelt recession)에 실업은 다시 한번 폭증했는데, 루스벨트가 잠시 방향을 바꿔 균형 재정을 시도하자 벌어진 일이었다. 아르헨티나의 프로그램도 시작하자마자 전체 노동력의 13%를 고용할 만큼 커졌다가, 경제가 회복하고 참가자들이 민간부문으로 이직하면서 점차 축소되었다.[6] 이 가장 고용 계획은 노동자(가장)와 그 가족, 특히 여성에 두드러지게 긍정적인 영향을 끼쳤다.

오늘날 인도의 NREGA 프로그램은 농촌 공동체 사회에 많은 생산적 공공 자산(우물, 연못, 도로, 공원 등)을 만들고,

---

6 Pavlina R. Tcherneva, "Beyond Full Employment: What Argentina's Plan Jefes Can Teach Us about the Employer of Last Resort," in *Employment Guarantee Schemes*, edited by Michael Murray and Matthew Forstater, Palgrave Macmillan, 2013.

수자원 보존, 원예, 홍수 예방, 가뭄 대응, 기타 환경 프로젝트 등 필요한 공공 서비스를 제공한 것으로 평가된다. 이 프로그램으로 저소득층 내에서 남성과 여성의 소득 격차가 줄었고, 민간부문 최하위 소득 노동자의 임금도 상승했다.[7]

이보다 작은 규모의 일자리 프로그램들 또한 유용한 통찰을 제공한다. 브뤼셀에서 매우 성공한 위험 청소년 일자리 보장 정책은 모든 실업자를 대상으로 하는 정책으로 확대되고 있고, 프랑스의 장기 실업자 제로 존(zero-zone) 정책으로 이식되고 있다. 미국에서는 1978년부터 1980년까지 청년 동기유발 지원 시범 사업(Youth Incentive Entitlement Pilot Projects)을 시행하여 청년 76,000명의 고용을 보장했다. 기간이 짧았지만, 이 정책은 시행된 지역의 청년 실업을 급격히 줄였고, 흑인과 백인 사이의 고용률 격차를 축소했으며, 참가자가 3개월 내 민간부문 취업으로 이직하도록 도왔다(보장 기간이 겨우 2년이었음에도). 유사하게, 2009년 영국의 미래 일자리 기금(Future Jobs Fund)은 1년 안에 참가자의 43%를 민간부문 정규직으로 이직시켰다(아쉽게도 이

---

[7] Neelakshi Mann and Varad Pande, *Mgnrega Sameeksha: An Anthology of Research Studies on the Mahatma Gandhi National Rural Employment Guarantee Act, 2005, 2006-2012*, Orient Blackswan, 2012.

후 이 기구는 가혹한 근로연계복지(workfare) 프로그램으로 전환되었다). 영국의 경제사회 국립 연구소는 이를 최근 역사에서 가장 성공적인 프로그램으로 평가하며, 다음과 같은 사실을 밝혔다. 이 프로그램은 (1)공공 서비스 노동을 개선했고, (2)가장 불리한 조건(즉, 장기 실업)의 청년 집단만을 잘 조준했고, (3)자신만의 전문성 및 이직 가능한 기술과 취업 역량(employability)을 향상시켰고, (4)복지 의존을 줄였다.[8]

오늘날 소규모 직접 일자리 창조 프로그램들이 미국에 산발적으로 흩어져있다. 앨버커키(Albuqerque)시정부는 노숙자들에게 일자리를 제공하여 영구 취업 및 주택공급과 연계하는 데 성공했다. 이로써 여타 시정부들에게도 영감을 주어 유사한 정책을 도입하게 했다.[9] 출소자에게 일자리를 제공하는 다양한 프로그램들은 재범률을 크게 낮추기도 한다.[10] 위험 청소년 및 실업자를 위한 도시 프로그램들도 많

---

8   Tanweer Ali, "The UK Future Jobs Fund: The Labour Party's Adoption of the Job Guarantee," Post-Keynesian Economics Study Group, Working Paper 1106, September 1, 2013.

9   "Albuquerque Mayor: Here's a Crazy Idea, Let's Give Homeless People Jobs," PBS NewsHour, November 26, 2015.

10   "Ready4Work, a Prisoner Reentry Initiative," City of

다. 이들은 농지, 민박 사업, 공동 사무실, 온실, 태양 전지판, 공구 도서관, 아쿠아포닉[물고기 양식과 수경재배를 결합한 농어법-역자], 지역 사회 정원, 강좌 수강, 방과후 활동 조직, 그리고 기타 프로젝트에서 일한다. 이것들은 일자리보장제가 조성하고 확대할 수 있는 일자리 종류의 예 가운데 일부에 지나지 않지만, 미국에서 일자리보장제가 시행된다면 어떤 모습일지를 상상할 수 있게 해준다.

우려와 자주 묻는 질문들

지금까지 우리는 경제를 안정시키는 데 실업이 "필수적"이라는 가정 없이 논의를 진행해 왔다. 하지만 일자리 창조 책임이 연방정부에 있다는 아이디어에는 항상 즉각적인 걱정을 불러온다. 특히, 일자리보장제는 (1)"큰 정부가 모두 떠안을 것이다", (2)관리 불가능할 것이다, (3)생산성을 떨어뜨릴 것이다, (4)일자리를 위한 일자리를 양산하는 프로젝트들이 넘쳐날 것이다, (5)정치 혁명에 불을 지필만큼 위험하게 파괴적이다 등의 우려가 있다. 이 외에도, (6)기술이 일자리 일반에 미치는 영향(기술진보가 모든 일자리를 대체할 것

Jacksonville, Office of the Mayor, https://www.coj.net/mayor/docs/the-jacksonville-journey/ready4work-white-paper1107-(2).aspx.

이 아닌가?), (7)이 프로그램의 경기 역행적 성격(단기간 안에 참여 노동자 수를 조절하는 것이 가능하기나 할 것이며, 그렇다 하더라도, 사회적으로 유용한 프로젝트에는 고정적으로 인력이 배치되어야 하지 않을까?), (8)이 프로그램을 도입하는 데 직면하게 될 정치적 장벽(정치인들과 기업들이 이것이 도입되지 못하도록 방해하지는 않을까?) 등의 이슈가 추가된다. 각 우려를 하나씩 차례대로 살펴보자.

- 큰 정부에 대해

큰 정부가 될까 우려하는 것은 퇴보적이다. 이미 "큰 정부"이고, 실업과 빈곤, 그리고 그것이 낳는 사회경제적 악영향을 해소하기 위해 수천억 달러의 돈, 시간, 자원, 행정력을 할애하고 있다. 앞서 지적한 것처럼, 실업 비용은 이미 지출되고 있고, 일자리보장제에 드는 비용보다 몇 배는 클 것이다. 일자리보장제는 연방정부가 부담하고 있는 이 비용을 크게 **줄일 수 있고**, 가계, 기업, 주정부 등의 부담도 덜어준다.

일자리보장제는 큰 정부가 모든 것을 떠안는 구조가 아니라, 그 규모가 민간부문의 상황에 따라 크게 달라진다. 민간 기업들이 얼마나 많은 일자리를 만들까? 기업이 직원을 채용할까, 아니면 자동화나 아웃소싱을 선택할까? 얼마나 많은 대량 해고가 진행되고 있는가? 일자리보장제는 이런 민간부문의 변화에 대응하여, 경제 안정화 장치로 기능하고 가계에 대해 경제적 완충장치로 기능한다.

- 운영과 관리에 대해

문맹의 최적 수준이 존재한다고 생각하지 않는 것과 똑같이, 공교육이 "행정적으로 악몽"이라며 제한해야 한다고 생각하지 않는다. 하지만 유독 일자리보장제에 대해서는 프로그램 운영상 필요한 관리의 어려움을 그 바람직함을 시험하는 리트머스지로 활용하곤 한다. 일자리보장제에만 적용되는 이중잣대 문제("국가 재건" 또는 금융구제 등에 대해서는 이런 류의 반대는 거의 찾아보기 어렵다)는 논외로 하더라도, 이 프로그램을 운영하는데 불가능할 정도로 어려운 행정 업무가 있어 보이진 않는다. 실제로 역사는 그 반대를 보여주고 있다.

오늘날 미국의 공립 학교들은 거의 5,100만 명의 학생에게 초중등 교육을 보장한다. 저소득층 및 노인, 그리고 아동에 대한 의료 지원제도(Medicare, Medicaid, Children's Health Insurance Program)는 7,400만 명, 사회보장제도(Social Security)도 5,400만 명을 대상으로 한다. 이들 프로그램에 지출하는 총액은 GDP의 약 14%에 이른다. 이와 대조적으로, 일자리보장제 프로그램은 GDP의 1-1.5%의 예산으로 1,100-1,500만 명을 고용하려는 정책이다.

이 프로그램을 관리하는 데 어려움이 있을 수 있다는 점을 부정할 사람은 없다. 하지만 그것이 이미 시행되고 있는 여타 정책들보다 더 어마어마한 일로 보이진 않는다. 여기서 개략적으로 설명한 제안은, 이미 존재하고 있는 제도적 인프라를 가능한 한 많이 활용하고, 아래로부터의 요구를 수용하여 일자리를 창조하는 절차를 통해, 그런 행정적 부담을 크게 완화할 수 있음을 보여준다.

- 생산성에 대해

일자리보장제는 비생산적일 것이란 주장 또한 위아래가 거꾸로 된 주장이다. 누군가를 고용하는 일은 실업으로 방치하는 것보다 절대 **덜 생산적이지 않다**. 실업이 개인과 가족의 복리에 미치는 해로운 영향을 고려할 때, 실업의 생산성은 실제로 음(-)이고[실업자가 되면 점차 노동 능력을 잃어간다-역자], 일자리보장제는 실무를 통한 직업훈련과 교육을 제공하므로 생산적이다. 상대적으로 안정적인 직장을 가진 사람이 일터에서 더 행복하고, 더 믿음직스럽고, 어느 모로 보나 더 생산적이다. 녹색 프로젝트는 환경을 재생하고, 공동체를 강화하며, 건강에 미치는 사회적 요인을 개선한다. 예술가와 음악가를 위한 일자리와 함께 돌봄 일자리(특히 아이들과 노인들을 위한 돌봄)를 비생산적 노동으로 간주하는 것은 부당하다. 이는 너무나 협소한 관점에서 보기 때문에 그렇다. 이들 노동 역시 전반적인 복지와 삶의 질을 높여 사회 전체의 생산성을 개선한다.

- 일자리를 위한 일자리와 허구적 선택

일자리보장 프로젝트들은 필연적으로 일자리를 위한 일자리만을 양산할 것이란 공포는, 제임스 갤브레이스가 지적한 것처럼, "무기력을 인정하고 선제적으로 투항하자고 하는 꼴"과 같다.[11] 실제로, 뉴딜 프로젝트들은 종종 쓸데없는 짓으로 조롱받곤 했다. 하지만 그것으로 공동체, 경제, 그리고 사람들의 삶이 재건되었다.

그러나, "일자리를 위한 일자리"라는 유언비어는 전적으로 이데올로기적이지만은 않다. 이는 시혜적 관점에서 나오는 해석인데, 목적과 수단을 혼동한 데서 비롯된다. 일자리보장제는 일자리가 필요한 **누구에게나** 일자리를 제공하려는 프로그램인가, 아니면 "생산적" 프로젝트를 만들려는 프로그램인가? 만약 이것이 유용한 노동을 만들기 위한 정책이라면, 위 주장이 맞고, 모든 사람을 고용하기는 불가능할 수도 있다. 하지만 만약 이것이 실업자를 위한 정책이라면, 생산적이지 못할 수도 있다.

물론 이것은 허구적 선택을 강요하는 것이다. 이 프로그램은 생산적이다. **왜냐하면**, 이는 실업이 가져오는 부정적 결과를 일소하기 때문이고, 실업을 활용[현대 재정·통화정

---

11 James K. Galbraith, "We Work," *The Baffler*, May 2, 2018.

책은 실업률을 조절하여 경기변동에 대응하려 한다-역자]하는 것보다 더 효과적으로 경제를 안정시킬 수 있기 때문이다. 반대로, 인권으로서 기본 일자리를 보장하지 못하는 일자리 프로그램은 필연적으로 뉴딜 프로젝트를 괴롭혔던 다음과 같은 질문에 답하지 못한다. 누가 고용되어야 하는가? 그들이 충분히 숙련되어 있는가? 그 프로젝트들이 유용한가? 더 잘 숙련된 노동자를 고용해야 하지 않을까? 사람보다 프로젝트를 강조하면, 모두에게 일자리를 보장하려는 프로그램은 지지되기 어렵다. 실업의 재앙과 취업이라는 경제적 기본권이 보장될 필요성을 강조할 때, 이 제도가 가능해질 것이다.

- "파괴적"(disruptive) 효과에 대해

IT 세계에서 파괴(disruption)는 진보와 혁신(innovation)으로 열렬히 환영받는다. 일자리보장제 프로그램의 한 가지 혁신은 기업들도 이 프로그램이 제시하는 생활임금 하한선에 맞추라고 압력을 넣는다는 점이다(물론, 이 프로그램이 실행되면서 연방정부 최저임금 또한 인상된다면 이 목표는 더 빨리 달성될 것이다). 일부 비판적인 사람들에게 이는 위험해 보일 것이다. 일자리보장제 참여 노동자들이 누리는 온당한 임금, 의료보험, 아이 돌봄 서비스 등의 혜택을 이 프로그램 외부의 노동자들은 누리지 못한다는 사실을 인지하고, "정치적 모반"을 꾀할 수도 있다고 믿기 때문이다.[12] 이런 비판은 빈곤 임금만을 지급해도 되는 기업의 특권을 옹호하기 위한 얄팍한 주장에 지나지 않는다.

유사한 비판이 뉴딜의 토목국(Civil Works Administration, CWA)을 괴롭혔다. 필립 하비(Philip Harvey)가 지적했듯, CWA의 문제는 인기가 없었다는 점이 아니라, **인기가 너무 많았다**는 점이었다.[13] 기업(거기서 일하는 노동자가 아니라)은 그 사업이 너무 높은 고용 안정성을 제공한다며 저항했다. 남부의 인종차별주의자 고용주들은 더 높은 공공부문 임금은 흑인 노동자들에게 "잘못된 유인"을 제공하여, 그들을 "망치고 있다"고 주장하기도 했다. 농민들 또한 값싼 농촌 노동자들을 더 안정적인 공공 토목 건설 사업에 뺏기고 있다고 불평했다. CWA 임금이 전국 평균보다 한참이나 낮았음에도 그랬다. 이에 대한 정치적 공격에는 흔한 핑계들이 동원되었다. 즉, 이 프로그램이 정부 재정을 파산으로 몰고 가고 있으므로, 이를 취소하고 실업 수당으로 대체할 때

---

12 Noah Smith, "A Federal Job Guarantee is Asking for Trouble," Bloomberg, March 11, 2019.

13 Philip Harvey, *Securing the Right to Employment: Social Welfare Policy and the Unemployed in the United States,* Princeton University Press, 1989.

라는 것이었다. 루스벨트가 이 프로그램을 재승인한다면, 다시 폐지하는 일은 불가능할 것이다. 이것이 루스벨트의 보수적 예산 책임자였던 루이스 더글라스(Lewis Douglas)의 판단이었는데, 그는 CWA에 절대 호의적이지 않았다.[14] 노동자들은 그 프로그램을 좋아했고, 그 프로젝트들을 자신들의 권리, 즉 정부가 노동자들에 진 빚으로 여기기 시작했다.

일자리보장제의 한 가지 주요 목적이 빈곤 임금을 지급해야 겨우 살아남을 수 있는 업체들을 퇴출(disrupt)시키는 것이란 점은 사실이다. 일자리보장제를 통해 빈곤 임금 일자리를 안락사시키는 일은 이 프로그램의 의도치 않은 오류(bug)가 아니라 하나의 특징이다. 불평은 노동자가 아니라 기업에서 나올 것이다. 1930년대 대공황의 한복판에서조차 기업들은 해고 위협을 유지하고자 했고, 값싼 노동을 사용할 수 있도록 보조금을 제공하는 복지제도를 선호했다. 하지만 일자리보장제가 민간부문을 폭력적으로 파괴할 것이라 믿을 이유가 전혀 없다. 위에서 논의한 것처럼, 우리의 모델은 실질 GDP와 민간부문 고용도 크게 증가시킨다. 현실적으로, 기업들은 모든 종류의 최저임금 인상에 저항하지만, 그들이 일자리보장제 임금 수준을 지급하는 데 아무런 어려움도 없다. 임금 인상의 경제적 편익 또한 잘 정

---

14 Ibid.

리되어 있다.[15]

    비판자들은 또한 일자리보장제가 공공부문 고용에 미칠 충격에 대해서도 걱정하라고 요구한다. 이 프로그램이 지급하는 생활임금 하한선이 정착되면, 민간부문이든 공공부문이든 모두가 그 수준의 임금으로 삭감하려는 바닥을 향한 경쟁에 뛰어들 것이란 우려이다. 이런 비판은 (모든) 공공 정책 옵션을 제도화하면, 그것과 직접 관련이 없을 수도 있는 사람들의 기존 혜택이 줄어들 것이라는 말과 같다. 이는 마치, 사회보장연금(Social Security)이 정부와 민간 모두의 연금을 줄일 테니, 그 제도를 시행하지 말았어야 했다고 말하는 것과 같다. 하지만 미국에서 사회보장연금에 가입해 있는 연방정부 공무원도 연방정부 공무원 퇴직연금을 추가로 지급 받는다. 공공 정책 옵션은 바닥을 향한 무한경쟁을 유발하지 않는다. 대신, 그것은 임금 하한선을 높이고 보장한다.

- 기술에 대해

기술변화를 둘러싼 불안감은 이해할 만하지만, 두 가지 다

---

15 David Cooper, "Raising the Federal Minimum Wage to $15 by 2024 Would Lift Pay for Nearly 40 Million Workers," Economic Policy Institute, February 2019.

른 질문을 구분하는 것이 중요하다. "기술이 현존하는 일자리의 많은 부분을 자동화할 것인가?"(그럴 것이다) "기술이 '일자리의 종말'을 낳을 것인가?"[16] (그렇진 않다) 실제로, 기술변화가 우리의 삶을 변화시키기 때문에, 변화된 생활방식에 조응하는 미래 일자리의 대부분은 아직 발명되지도 않았다. 또한, 오늘날 가장 위험한 일자리들(예컨대, 트럭 운전, 정육 가공, 송전선 설치 등)은 아직 충분히 빠르게 자동화되지도 않고 있다. 지구를 약탈하기도 하는 많은 위험한 일들(예컨대, 육지와 바다의 석유 시추)은 자동화시킬 것이 아니라, 모두 쓸모없는 일로 만들어야 한다. 특정 일자리를 강제로 소멸시키는 "기술의 철의 법칙"은 없다. 기술에 어떻게 적응할 것인가는 사회가 선택한다. 무수한 온라인 강좌에도 불구하고 우리는 여전히 양질의 대면 강의에 많은 비용을 지불하고 있다. 앱, 스마트 칠판, 여타 프로그램들은 학교 교과과정의 형태를 변형해 왔지만, 사람간 접촉과 상호작용을 통한 학습 자체를 변화시키려는 것은 아니다. 호스피스 돌봄은 TV와 케이블 방송이 대신할 수 없고, 사람의 돌봄이 여전히 표본이다.

기술변화가 불러오는 것처럼 보이는 우울한 체념이 있

---

16 Katie Allen, "Technology Has Created More Jobs Than It Has Destroyed Says 140 Years of Data," *The Guardian*, August 18, 2015.

긴 하지만, 기술은 우리의 적이 아니다. 일자리가 사라지는 것은 로봇이 침략해 와서가 아니다. 전체 임금을 삭감하려는 경영이 노동자를 기계와 대치시키고 있기 때문이다. 실제로는 기술이야말로 닥쳐오는 환경 문제를 신속히 해결할 수 있게 하는 핵심 요소이다. 그렇다면 여기서 인간이 할 유용한 일이 없다는 뜻인가? 전혀 그렇지 않다. 우리가 서로서로 그리고 지역 공동체에 다양한 방법으로 봉사하는 데 제한이 있을까? 그렇지는 않을 것이다. 이것이 이 일자리보장제 제안을 국가돌봄법(National Care Act)으로 인식하는 이유이다. 기술변화에도 불구하고, 우리는 사회적으로 유용하고, 사람을 위한 일자리를 만들어 낼 수 있다. 그리고 기술은 우리의 생활 수준을 위협하는 힘이 아니라, 향상시킬 수 있는 한 가지 방법으로 포용할 수 있다.

- '경기변동에 따른 고용'이라는 정책의 실현 가능성
일자리보장제가 효과적인 자동 안정화 장치로 기능할 수 없다는 비판도 있다. 일자리 수요가 있기만 하면 필요한 일자리를 만드는 것이 진짜 가능할까? 그런 일자리들이 사회적으로 그렇게 유용하다면, 왜 경제가 회복되면 거기에 참여하던 노동자들이 민간부문으로 이직하도록 내버려 둘까?

이런 비판은 **이미 지금도** 민간부문이 경기 순행적[경기가 좋아지면 고용을 늘리고, 경기가 나빠지면 고용을 감소한다는 의미-역자]으로 행동하고 있다는 사실을 망각하고 있다. 노동을 흡수하거나 방출할 수 있는 역량은 일자리보장제만의 과제가 아니다. 실제로 민간부문, 비영리 부문, 공공부문 등 모든 영역의 노동시장도 경제가 돌아가는 상황에 따라 신규 진입과 퇴직을 해결하고 있다. 이는 경제의 구조적 변화와 경기 순환적 변화가 가진 본질적 속성이다. 하지만 일자리보장제는 실업을 이용하는 방법보다 더 나은 안정화 장치이므로, 현재 노동시장에서 관찰되는 요요 효과(yo-yo effect)를 크게 줄일 수 있다. 민간 고용의 변화가 작다는 것은 일자리보장제 고용도 조금만 변화하고 이직도 어렵지 않음을 의미한다. 단기간 안에 많은 사람을 수용해야 하는 어려움도 사라진다. 여기에 더해, 일단 이 프로그램이 정착되면, 위에서 설명한 다수의 특정 프로젝트들도 참가 노동자들이 들어오고 나가는 상황에 맞춰 상대적으로 신속히 규모를 확대하거나 축소할 수 있을 것이다.

현재 진행되고 있는 핵심 공공 서비스는 영구적으로 제공되어야 한다는 전제에 기초하여 직원을 채용할 필요가 있다. 환경보호국(Environmental Protection Agency)과 식품의약품안전처(Food and Drug Administration)은 더 많은 조사관이 필요하지만, 이들은 일자리보장제가 다룰 수 있는 일시적 일자리가 아니다. 유사하게, 이 프로그램이 제공하는 전문화된 아이 돌봄 서비스와 관련하여 말하자면, 어린이집

(childcare center)이 일자리 보장 프로그램을 통해 수습 교사나 보조 교사를 일시적으로 채용할 수는 있지만, 전문적 영유아 돌봄 서비스는 정부의 주요 기능임을 인식해야 한다. 전문화되고 경제적으로 부담되지 않는 아이 돌봄은 영구적 인프라이다. 아이 돌봄은 공공 정책이다. 맞벌이 부부가 일자리 보장 프로그램에 참여하든, 아니면 다른 곳에서 일하든, 어쨌든 아이 돌봄 서비스는 필요할 것이기 때문이다.

- 권력과 정치적 도전에 대해

정부가 실업자에게 일자리를 보장해야 하는지에 대해 의견을 묻는 설문조사가 수십 년 동안 실시되어 왔다. 그 결과는 일관되게 다수가 이를 지지해 왔음을 보여준다. 60% 이상, 최근에는 78%(다음 장 참조)가 지지했다. 이런 조사 결과는 이 프로그램이 이데올로기적 분열을 통합하고, 정치적 입장과 무관하게 유권자들의 요구에 부합하는 정책임을 보여준다. 하지만 정책 결정자들은 아직도 이에 관심을 기울이지 않고 있다. 2020년 유력 미국 대통령 후보 중 일부는 일자리보장제를 수용했고, 지방 및 전국 수준의 선출직 후보 중 다수도 이를 자신의 공약으로 채택했다. 일자리보장제는 그린뉴딜 결의안에 중요 프로그램으로 포함되기도 했다.[17] 시

---

17 "H.Res.109-116th Congress: Recognizing the Duty

민사회에서도 이에 대한 지지가 고조되고 있다.[18] 변화의 시기가 무르익어가고 있다. 전체 유권자, 특히 젊은 층 유권자들이 고질적인 경제 문제와 환경 문제에 과감한 해법을 요구하고 있다.

기득권 세력의 반대를 과소평가하지 말아야 한다. 그렇다, 미하우 칼레츠키(Michał Kalecki)는 이미 오래 전에 전에 산업의 수장들이 완전고용을 격렬히 반대할 것이라 경고했다.[19] 하지만 이들은 최저임금 인상, 노동시간 단축, 사회보장제 강화, 아동노동 금지, 여성의 재산 및 소득 통제권 허용 등도 반대했다. 일자리보장제를 확보하는 일은 모든 사람의 경제적 권리를 확보하는 장기적 과정에서 또 한 걸음 내딛는 일이다.

반대와 장애물의 성격은 몇 가지 점에서 과거보다 오늘날 더 잘 이해될 수 있다. 첫째, 경기침체기에 긴급 대책으로 시행하는 고용 프로그램은 시한이 매우 짧다. 둘째, 고

---

of the Federal Government to Create a Green New Deal," 2019, https://www.congress.gov/116/bills/hres109/BILL-S116hres109ih.pdf.

18 "Jobs for All: A Pledge," https://jobguaranteenow.org.

19 Michał Kalecki, "Political Aspects of Full Employment," Political Quarterly, 14(4), 1943: 322-30.

용에 대한 법적 권리 없이는 준완전고용 체제(스웨덴, 일본)라도 레이건-대처[의 신자유주의 도입과 같은-역자] 반혁명을 이겨낼 수 없을 것이다. 셋째, 법적 권리가 존재한다고, 모든 문제가 사라지지는 않을 것이다. 하지만 그런 입법은 장기에 걸쳐, 신자유주의 체제하에서도, 정부의 일자리보장 의무를 확보하기 위한 제도적 토대가 될 것이다. 예를 들어, 인도의 몇몇 지방 정부들은 인기가 높은 농촌의 고용 프로그램을 도시 청년들로 확장하고 있고, 농민들과 노동자들도 도시의 모든 실업자를 대상으로 전국적으로 확대하길 요구하고 있다. 미국에서도, 포스트 레이건 시대 정부의 공익적 역할을 재건하는 일에 전체 유권자가 달려들고 있다. 이는 이 근본적인 경제적 권리를 최종적으로 확보할 기회의 창을 열고 있다.

- 재정 조달 가능성

연방정부는 일자리보장제를 실시하는 데 활용할 수 있는 모든 재정 자원을 보유하고 있다. 하지만, 이 프로그램의 대중적 인기에도 불구하고, 핵심 공공 서비스를 확보하기 위한 투쟁은 결코 공정했던 적이 없다. 산업 수장들이 공공의 이익을 위한 정책에 반대하기 위해 활용해 온, 어쩌면 가장 위험한 수단은 한 가지 미신을 퍼뜨리는 일이다. 즉, 연방정부 지출은 국가가 그들로부터 징수할 수 있는 세금 수입으로 충당된다는 미신 말이다. 경제적 해방을 위한 모든 투쟁은 이 설화(folktale)에 정면으로 도전해야 한다. 그렇지 않으면, 재정건전성 이데올로기가 진보적 정책들을 협박하는 영원한 인질이 될 것이다. 일하는 사람들을 위한 투쟁을 너무나 힘겹게 만드는 구조적이고 제도적인 거대 장벽을 넘어서기 위해서 우리가 해야 할 최소한은, 부자와 권력자들이 활용하고 있는 가장 강력한 이데올로기적 도구에 맞서는 일이다. 즉, **자신들이** 모든 재정을 제공하고 있다는 미신에 맞서야 한다(부자와 기업이 가장 많은 세금을 내고 있는 것은 사실이다. 여기서 저자가 주장하는 요점은 **세금이 재정조달 수단이 아니라는 뜻**이다. 이 책의 제4장에서 이 점이 언급되고 있지만, 구체적 설명은 제시되지 않고 있다. 이에 대한 보다 자세한 설명은 졸저 『나라가 빚을 져야 국민이 산다』, 랜덜 레이 저, 홍기빈 역, 『균형재정론은 틀렸다』 등을 참조할 수 있다. 일자리보장제뿐 아니라, 모든 공공 정책을 실시하려면 더 많은 세금을 걷어야 한다는 주장은 이러한 실체적 진실을 오도한다는 의미에서, 이데올로기적 공격이라 할 수 있다-역자).

무엇하나 "쉽지" 않지만, 그런 장벽이 극복 불가능하다고 예단하는 일은 도움이 안 된다. 일자리보장제를 반대하는 주장 대부분은 과거에도 핵심 공공 정책에 반대하기 위해 활용되던 것들이다. 이것이 협박 정치의 본질이다. 하지만 현재 상태를 계속해서 유지해야 할 그 어떤 설득력 있는 도덕적 경제적 이유가 없다. 정부의 고용 정책이 매우 인기 있는 정책이라는 사실은 놀라운 일이 아니다. 다음 마지막 장에서 보는 것처럼, 일자리보장제 또한 그렇다. 우리는 무엇을 더 두려워해야 할까? 생활임금이 지급되는 일자리가 모두에게 보장되는 세상인가, 아니면 대량 실업이 여전히 정상으로 취급되는 세상인가? 이것이 우리가 다루어야 할 문제이다.

제6장

일자리보장제, 그린뉴딜, 그리고 그 이후

2018년 미국 정치 담론에 일자리보장제가 다시 등장했을 때, 여러 여론조사 기관이 이에 대한 대중적 지지도를 조사하고자 했다. 여론조사업체 힐-해릭스(Hill-HarrisX)가 2019년 10월까지 조사한 바에 따르면, 유권자 중 78%라는 엄청나게 많은 사람이 일자리보장제를 지지했다.[1] [정치적 성향별로 구분해 보면-역자] 공화당 지지자 중 71%, 민주당 지지자 중 87%, 무당층 81%, 다소 보수주의자라 답한 사람의 78%, 매우 강고한 보수주의라 답한 사람도 52%가 이에 찬

---

1 "Majority of Voters Support a Federal Jobs Guarantee Program," *The Hill*, October 30, 2019.

성했다. 이렇게 양당 지지자 모두로부터 압도적 지지를 받는 정책은 거의 찾아보기 어렵다.

한 여론조사 업체(Civis Analytics)는 의도적으로 당파적 프레임을 이용하는데, 그 조사 결과도 유권자 다수(52%)가 이 프로그램을 지지하고 있음을 보여준다. 조사 대상자 중 오바마 지지자에서 트럼프 지지자로 변경한 사람 중 58%, 트럼프 지지자 중 38%도 이를 지지했다. 이를 두고 해당 업체는 "우리가 지금까지 실시한 여론조사 중 가장 인기 높은 이슈"라 평했다.[2] 또 다른 여론조사 업체(Data for Progress)가 각 주별로 조사한 결과에 따르면(**그림5**), 미시시피(72%),

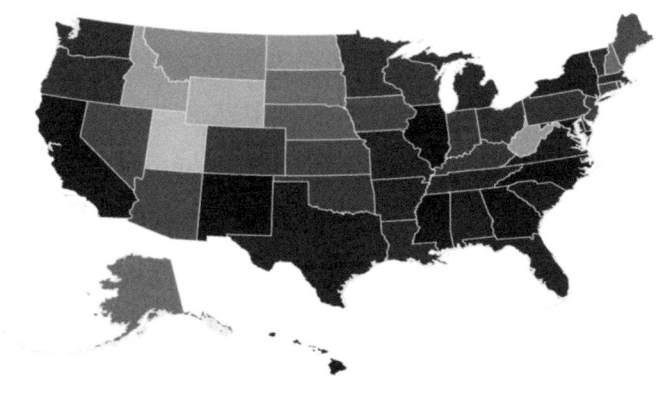

50%　52%　58%　63%　69%　75%
그림5　일자리보장제에 대한 대중적 지지(Sean McElwee et al.(2018))

2　Sean McElwee et al., "Why Democrats Should Embrace a Federal Jobs Guarantee," *The Nation*, March 20, 2018.

조지아(71%), 캔사스(67%), 웨스트 버지니아(62%), 인디애나(61%) 등 전통적으로 공화당 지지세가 강한 주들에서도 이 프로그램에 대한 강력한 대중적 지지가 발견되었다. 이 주들은 전국 평균 이상의 실업률과 빈곤율을 기록하고 있는데, 일자리보장제가 이에 대해 큰 효과를 발휘할 것이다.

Data for Progress사(社)가 일자리보장제와 그린뉴딜 의제를 쌍으로 묶어서 지지 여부를 조사한 결과를 보면, 전반적 프로그램 지지도가 55%로 증가하는 것으로 나타난다.[3] 일자리보장제에 관한 질문을 **녹색**을 중심으로 구성해서 물어보면, 녹색 의제가 빠진 일자리보장제를 물어볼 때보다, 트럼프 지지자층에서 지지율이 14% 포인트 높아졌다.

하지만 이는 새로운 현상이 아니다. 대중은 항상 일자리 창출을 지지해 왔다. 특히, 정부가 최종 고용자(employer of last resort)로 역할을 하는 프로그램들을 요구해 왔다. 2013년 갤럽(Gallup)의 여론조사 보고서에 따르면, 응답자의 72%에서 77%가 실업자를 고용하는 정부 고용 프로그램과 일자리 창출 **법률**(law)을 지지했다.[4]

---

3 Kate Aronoff, "All of a Sudden, Adding 'Green' to a Policy Idea Makes It More Popular," *The Intercept*, September 21, 2018.

4 Jeffrey M. Jones, "Americans Widely Back Government Job Creation Proposals," *Gallup*, March 14, 2013.

표3 정부의 일자리 창조 및 최종 고용자 정책에 대한 지지도

워싱턴 정부는 일하길 원하는 사람 누구나 취업할 수 있도록 조치를 취해야 한다.	68%
민간부문에서 일자리를 구할 수 없는 사람 모두에게 정부가 일자리를 제공해야 한다.	53%

출처: Benjamin I. Page et al.(2013)

또 다른 조사에 따르면, 일반 대중 가운데 68%는 정부가 "일하고자 하는 사람 누구라도 일자리를 찾을 수 있도록" 조치를 취해야 한다고 믿고 있었다. 또한, 53%는 정부가 최종 수단으로서 실업자를 위한 일자리를 직접 제공해야 한다는 의견을 지지했다(표3).[5]

킨더 도시연구소(Kinder Institute for Urban Research)가 장기에 걸쳐 수행해 오고 있는 킨더 휴스턴 지역 연구(Kinder Houston Area Study)는 1989년부터 "일하고자 하는 사람 누구라도 일자리를 찾을 수 있도록 정부가 조치를 취해야 하는지"를 묻는 여론조사를 실시해 왔다. 그 결과에 따르면, 일관되게 응답자의 64% 이상이 이 의견을 지지하는 것으로 나타났다.[6] 2008년 금융위기 이후 이 지지율은 2009

---

[5] Benjamin I. Page et al., "Democracy and the Policy Preferences of Wealthy Americans," *Perspectives on Politics*, 11, 2013: 51-73.

[6] Stephen L. Klineberg, "Thirty-Five Years of the Kinder

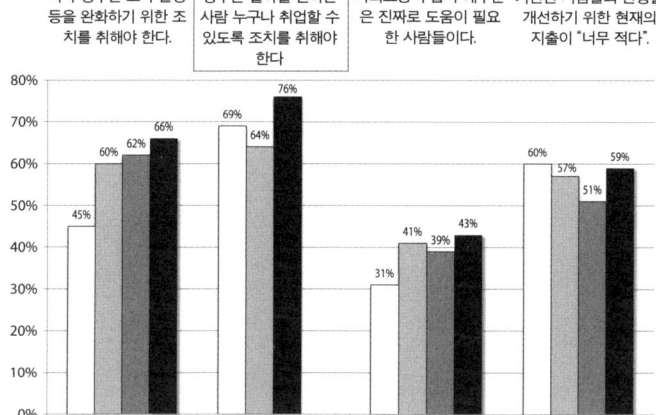

Source: Stephen L. Klineberg, "Thirty-Five Years of the Kinder Houston Area Survey: Tracking Responses to a Changing America," Houston, TX: Kinder Institute for Urban Research, 2016.

그림6 정부 고용 프로그램에 대한 지역별 지지도

년 69%에 근접했고, 2016년이 되면 76%가 일자리를 원하는 사람은 누구나 그렇게 할 수 있도록 보장하는 것이 정부의 책무라고 믿고 있었다. 다른 여론조사 결과와 마찬가지로, 킨더 연구소의 여론조사 또한 정부의 고용 정책이 여타 소득 재분배 정책과 빈곤 완화 대책보다 더 선호되고 있음을 보여준다(**그림6**).

Houston Area Survey: Tracking Responses to a Changing America," Houston, TX: Kinder Institute for Urban Research, 2016.

요약하자면, 녹색 의제의 포함 여부와 상관없이 미국인 다수는 정부의 고용 프로그램뿐 아니라 최종 고용자로서의 정부, 그리고 특별히 일자리 보장제를 지지하고 있다.

녹색 의제 안에 일자리보장제 위치시키기

이 책은 일자리보장제가 그 목적, 설계, 효과에서 태생적으로 녹색 제안이라고 주장한다. 이것이 결정적으로 중요한 자연자원과 인적자원이라는 두 자원의 방임과 황폐화 문제를 해결하기 때문이다.

일자리보장제는 그린뉴딜의 가장 중요한 요소로 불려왔지만, 일자리 보장, 건강, 주택 등의 정책이 탄소배출 순제로(純zero) 목표와 배치되는 것은 아닌지를 두고 비판자와 동조자 모두에서 많은 혼란이 있다. 이런 의문에 짧게 답하자면, 우리 앞으로 돌진해 오고 있는 기후 재앙에 대해 순수하게 기술적인 해결책은 존재하지 않는다고 말할 수 있다.

기후정책은 사회정책이고 경제정책이다. 모든 기후위기 해법과 그 실행 방식은 경제, 사회, 정치에 깊은 파문을 불러온다. 기후위기 해결 방법에 관한 질문은 필연적으로 우리의 경제·사회적 삶을 어떻게 재조직할 것인가에 관한 질문과 연결되어 있다. 우리 앞에 놓인 도전 과제는 단지 생산기술을 전환하는 일이 아니다. 만약 현 체제의 불평등을 해결하지 못한다면, 정의상 새로운 생산기술도 지속 가능하거나 살 만한 미래를 보장하지 못할 것이다. 건물 단열을 보강한다고 모든 사람에게 충분한 주택이 제공될까? 공업에서 재생 농업으로 전환한다고 식품 사막[신선한 식품을 구하기 어려운 지역-역자]과 식량 공급의 불안정 문제가 일소될까? 교통 체계를 전기화하면, 대중교통 격차가 축소될까? 이 새로운 세상이 모든 사람에게 경제적 안정을 제공할까? 실업과 저임금 노동이 여전히 정상으로 간주되고 지속되지는 않을까? 많은 사람이 여전히 기본 생필품(녹색 기술로 생산된다고 하더라도)을 구하지 못하는 일이 계속되지는 않을까?

생활임금을 지급하는 일자리보장제는 사회적 정의를 기후 대응에 끼워 넣는다. 다음과 같은 사실과 목표를 인식하기 때문이다. 환경 문제를 해결하려면 노동이 필요하다는 사실, 온당한 임금이 지급되는 일을 원하는 많은 사람이 일자리를 찾지 못하고 있다는 사실, 유급 노동이 전통적으로 저평가되어 온 활동들(환경 보존, 공동체 유지 등)을 지원해야 한다는 점, 그리고 더 나은 노동 조건, 핵심 사회보장, 개인과 공동체의 필요에 더 예리하게 집중하는 등의 일에 수백만의 노동 경험이 다시 활용되어야 한다는 점. 또한, 일자리보장제는 공공 서비스가 일할 수 없는 사람들의 삶을 개선해야 한다는 점도 인식하고 있다. 이 프로그램이 모든 형태의 경제적 불안정 또는 사회경제적 문제에 만병통치약일 수는 없지만, 현대 경제적 권리장전(Economic Bill of

Rights)—그린뉴딜 의제를 구성하는 정책들을 촘촘히 엮어 놓은 융단—의 주춧돌이다.

이 책에서 제안하듯, 일자리보장제는 돌봄과 환경에 대한 책무를 중심으로 설계되고, 프로젝트와 고용 기회를 창조하는 데 민주적이고 참여적 절차를 따른다. 하지만 "일자리 보장하기"(guaranteeing jobs)라는 아이디어는 현대 기후 담론에서 두 가지 다른 방식으로 사용되고 있다. 첫 번째는 이 책의 제안과 가장 닮았는데, "미국의 모든 시민에게 가족을 유지하기에 충분한 임금이 지급되고, 충분한 가족휴가와 병가, 유급휴가, 은퇴 후 안정을 제공하는 일자리를 보장"하는 것을 목표로 한다. 두 번째 아이디어는 "그린뉴딜 동원계획(mobilization)이 양질의 조직 노동, 즉 현재의 보편적인 임금이 지급되는 일자리,…녹색 전환으로 영향을 받는 노동자들에게 이전과 비견될 만한 임금과 사회보장을 제공하는 일자리를 보장"하는 데 초점을 맞춘다.[7] 이 두 가지 형태의 보장 모두 그린뉴딜 결의안에 명시되어 있다. 일부 정책안은 특히 화석 연료 노동자들에 대한 직업훈련과 선순

---

[7] "H.Res.109-116th Congress: Recognizing the Duty of the Federal Government to Create a Green New Deal," 2019, https://www.congress.gov/116/bills/hres109/BILL-S116hres109ih.pdf.

위 재배치를 보장하고자 한다. 아울러 현재 급여의 5년 보장이나 연금을 지원하는 조기 퇴직 등도 거론된다.[8]

이런 보장안들의 성격과 양자가 상호작용하는 방식을 어떻게 이해해야 할까?

산업적 동원계획과 일자리보장제

이 두 가지 다른 방식의 보장과 확언을 구분하고자 하면, 그린뉴딜 또한 여러 구성 요소를 포함하고 있음을 기억할 필요가 있다. 그린뉴딜은 (1)포괄적 산업정책이고, (2)경제적 권리를 보장하려는 의제이고, (3)모든 노동 대중과 맺는 새로운 사회계약으로, 수십 년 동안 화석 연료 산업에서 힘들게 일해 온 사람들을 방치하지 않겠다는 약속이다.

그린뉴딜의 첫 번째 측면은, 세계 온난화에 신속하고 강력한 대응을 도입하는 데 필수적인 총체적 전환을 의미한다. 이는 모두가 참여하는 산업정책으로, "우리 시대의 달 탐사선 발사"로 불려왔고, "전시 동원"과 비슷하다. 이 구성 요소는 화석 연료에서 청정 에너지로 생산 시스템의 전환이라는 공학적 위업을 달성하는 데 필요한 모든 기술적 노

---

8 "The Green New Deal," Bernie Sanders Official Campaign Website, https://berniesanders.com/en/issues/green-new-deal.

하우, 숙련, 전문성을 요구한다. 이는 또한 현재의 보편적인 임금이 지급되는 양질의 조직 노동을 만들어 낸다. 이를 통해, 녹색 전환으로 인한 중간 소득 일자리의 대규모 공동화 현상을 흡수할 수 있을 것이다.

이런 산업정책이 녹색 전환을 위한 동원계획을 실행하는 국면에서 일시적으로 완전고용 상태를 달성하기도 하지만, 이것은 완전고용 정책이 아니다. 이에 따라, 그린뉴딜의 두 번째 측면은, 이 산업 전략에 다양한 대책들을 포함하여, 녹색 전환이 모두의 경제적 안정으로 귀결되도록 보장하려는 의도이다. 일자리보장제는 이 대책 중 하나이다. 이는 사회 안전망이고, 기후변화의 황폐화에 가장 취약하고 녹색 전환 과정에서 발생하는 대량 해고에 가장 민감한 사람들에게 특히 필요한 대책이다.

마지막으로, 일자리보장제는 새로운 사회계약의 기초를 제공한다. 이 프로그램이 새로운 노동 표준을 정착시키고, 거시경제 안정화 장치로서의 실업이라는 관념을 퇴출하고, 실업의 사회·경제적 비용을 예방하기 때문이다. 이 사회계약은 또한 삶이 화석 연료 산업에 의존해 있고, 직업병의 위협을 부당하게 감내해 온 채광 및 석유 시추 노동자들에게도 합당한 보상을 제공한다. 화석 연료 산업의 저숙련 노동자와 고숙련 노동자 모두 녹색 경제로 이직해야 한다. 화학자, 지질학자, 공학자 등 숙련 노동자는 잡역부, 갑

판원, 날품팔이 노동자들보다 더 쉽게 대규모 동원 노력에 결합할 것이다. 제2차 세계대전 당시 전시 동원을 참고해 보면, 그린뉴딜은 온갖 종류의 기술이 필요할 것임을 알 수 있다. 녹색 전환의 뒤에 남겨진 사람들에게 생활임금을 제공하는 일자리보장제는 결정적으로 중요한 안전망이 될 것이다.

화석 연료 노동자와의 약속을 지키는 일 또한 전혀 어렵지 않다. 미국의 광산, 채석장, 석유·가스 채취 산업에 종사하는 관리자가 아닌 일반 노동자 수는 약 516,000명에 불과하다(석유가스 부문에 89,000명, 광산 및 채굴 부문에 148,000명, 나머지는 탐사 등 지원 활동에 종사). 소득 안전망 혹은 조기 은퇴는 광산과 채석장 산등성이에서 극도의 노동에 시달려온 사람들에게 제공될 수 있다. 또한, 탄폐증이나 기타 건강 문제가 있는 사람에게는 넉넉한 장애 보조금을 지급할 수도 있다. 하지만 일하길 희망하는 사람들에게는 고용 사무소가 녹색 경제에서 이전과 대등한 급여를 지급하는 일자리를 찾는 데 도움을 줄 것이다.

이러한 전환기 동안에는 동원계획 일자리와 일자리보장제가 제공하는 일자리를 구분하기 어려울 수 있다. 여기서 우리는 그린뉴딜 이후에도 일자리보장제가 유지되도록 독립적인 입법안을 마련해야 한다고 제안한다. 양자 모두 공공부문을 요구한다. 대규모 투자 계획을 실행하고, 뒤에 남겨진 사람을 위한 소규모 공공 서비스 고용 프로젝트를 창조하는 데 주도적 역할을 담당할 주체이기 때문이다. 하지만, 분석적으로, 그리고 입법과 제도적 기획의 문제로서, 다음과 같은 이유로 양자를 구분하는 것이 매우 중요하다.

동원 노력이 제 역할을 다했고, 지구 온도가 안정되었고, 탄소배출 제로 목표가 달성되었고, 에너지 연결망과 식량 생산 체계가 전환되었다고 상상해보자. 그 다음은? 일자리보장제를 영광스럽게 중단할 수 있을까? 그렇지 않다. 이 전환이 경제의 순환적이고 구조적 변동까지 일소하진 않기 때문이다. 루스벨트 혁명기의 뉴딜 프로그램이 종료될 때, 일할 권리를 확보하지 못했다. 전시 동원을 통해 임시로 완전고용을 달성했을 뿐, 전후 평화 경제에서 노동자 모두를 위한 완전고용과 생활임금이 지급되는 상시 고용 기회를 준비하지 않았다. 고용이라는 안전망 없이, 모두를 위해 유용하고 넉넉한 임금이 지급되는 일자리 확보라는 목표는 폐기되었다. 그 대신, 새로운 좀비라 할 수 있는 완전고용 개념의 NAIRU가 탄생했다. 우리가 만들 녹색 미래가 무엇이든, 여전히 대량 실업을 감내해야 한다면, 그 사회는 정당하지도 공평하지도 않다.

1930년대에 우리는 국가의 역할을 다시금 마음속에 그렸고, 단 몇 년 만에 급진적인 정책 개혁을 실행했다. 전환적 안전망을 창조했고, 대규모 공공 투자를 확보했고, 결정적으로 중요한 노동법을 통과시켰다. 하지만 이렇게 더 안전해질수록, 더 안정된 경제적 현실은 많은 사람의 손에 닿지 않았다. 주택정책과 학교정책이 분리되었고, 여성들은 남편이 누리는 일자리와 임금에 접근할 수 없었다. 상업적 농업은 가장 험악한 노동 조건과 생활 조건에서 살아가는 이민자, 소수 인종, 가난한 사람들을 계속해서 고용했다. 노동 표준은 안전하게 확보되지 못했고, 이 모든 영역에서 진보는 더디기만 했다.

그린뉴딜은 또 하나의 그런 분기점이다. 필요한 대응 규모는 대공황과 제2차 세계대전이 낳은 황폐화를 극복하기 위해 요구된 것에 필적한다. 오늘날 우리가 기획하는 정책들은 새로운 경제로 이끌 것이다. 지구를 구하기 위한 거대한 전투에서 일자리보장제는 작지만 꼭 필요한 구성 요소이다. 그린뉴딜이 핵심 공공재(교통, 주택, 전기, 의료, 아이돌봄 등)에 대한 투자를 광범위하게 사회화한다면, 경제 변동성은 전후 시기에서처럼 많이 감소할 것이다(1930년대 뉴딜 이전의 미국 경제는 매 20년마다 심각한 경제위기를 겪었고, 그 중간에도 소규모 침체가 반복되었다). 그린뉴딜도 그에 견줄만한 경제 안정화를 약속하고 있다. 하지만 그것이 경기순환 자체를 종식하지는 않을 것이다. 순환적 경기변동을 완전히 없애기는 어렵겠지만, 그린뉴딜로 그 진폭이 작아진다는 사실은 일자리보장제의 규모 또한 작아짐을 의미한다. 전체 정책 지평에서 하나의 영구적 부분으로서 일자리보장제는 지속적인 고용 안전망과 거시경제 안정화 장치를 제공할 것이다. 이는 더 깨끗하고, 더 안정되고, 더 정의로운 경제로 전환된다고 하더라도 필요하다.

결론: 실종된 글로벌 고용 정책

미국의 경우에만 집중하다 보니, 일자리보장제가 선진 경제에서만 가능한 정책 옵션이라는 인상을 줄 위험이 있다. 이것은 사실이 아니다. 가장 대규모 일자리 만들기 프로그램이나 일자리에 대한 권리를 법률로 정한 사례의 일부는 발전도상국 경제(남아프리카 공화국, 아르헨티나, 인도)에서 실행되었다. 물론 경제적 주도권을 가진 나라가 이 정책을 끌고 갈 수는 있지만, 실업을 영원히 없애겠다는 글로벌 서약에 전례가 없는 것은 아니다. 제2차 세계대전 이후 전 세계가 국제무역기구(International Trade Organization, ITO) 헌장 초안을 작성했을 때, 이와 유사한 결론에 도달했다.[9] 이 헌장의 첫 두 장은, 자유무역의 전제조건으로서 각 나라가 장기에 걸쳐 **완전고용을 달성하고 유지**하기 위한 정책을 실행하도록 보장하는 일이 글로벌 의무라고 명확히 밝히고 있다.

---

9 Pavlina R. Tcherneva, "A Global Marshall Plan for Joblessness?," Institute for New Economic Thinking, May 11, 2016.

ITO가 비준되지 못하고 WTO가 그 뒤를 잇자, "완전고용" 의무는 의제에서 빠졌다. 오늘날, 많은 나라가 일자리 창출을 위해 수출주도성장에 의존하고 있고, 근본적으로 누구도 승리할 수 없는 일자리 창출 전쟁에서 승리하기 위해 바닥을 향한 노동 행위 경쟁을 벌이고 있다. 그 결과, 실업과 불안정 고용이 글로벌 현상이 되었다(어느 한 나라의 무역수지가 흑자이면 다른 어떤 나라는 반드시 무역수지 적자를 보아야 한다. 따라서 모든 나라가 수출을 통해 일자리를 만들겠다는 전략을 채택하면 모두가 성공(승리)하기 어렵다. 그런 기대와는 반대로, 수출 산업 경쟁력을 확보한다는 명분으로 임금삭감 등의 무한 경쟁이 벌어지고, 노동 조건만 악화될 뿐이다. 따라서 일자리에 대한 수출의 '낙수효과'는 허황된 희망에 지나지 않는다-역자).

오늘날 글로벌 공동체는 새로운 대화에 참여하고 있다. 이는 무역을 통해 평화롭게 [세계경제를-역자] 통합할 방법에 관한 대화가 아니라, 지구적 기후 위기를 어떻게 해결할 것인가에 관한 논의이다. 세계 기구와 국제 규약은, 한때 글로벌 무역이 요구했던 것(성공하지는 못했지만)과 같은 방식으로, 완전고용과 품위있는 고용에 [각국 정부가-역자] 헌신할 것을 요구하고 있다. 2015년 파리협약은 중요한 첫 단계였다. 이는, "인권,…노동력의 정의로운 전환을 위해 꼭 해야 할 일, 그리고 각국이 정한 발전 우선순위에 따라 괜찮은 일자리와 질 높은 직업을 창조하는 일"에[10] 기후 정의가 달려 있음을 강조했다.

이 책에서 일자리보장제는 각국의 특수한 상황을 반영하는 정책으로 제시되고 있지만, 이는 환경 위험과 경제적 불안정이라는 쌍둥이 위협을 해결하기 위한 글로벌 마샬 플랜(Global Marshall Plan)의 토대가 될 것이다. 근로연계복지도, "나쁜 일자리"(bullshit jobs)도, 강제 노동도, 구덩이나 파는 무의미한 노동도 안 된다. 녹색 일자리보장제를 포함하는 글로벌 그린뉴딜만이 답이다.

---

[10] United Nations, Paris Agreement, United Nations Treaty Collection, 2015, https://unfccc.int/sites/default/files/english_paris_agreement.pdf.

역자 보론
대안적 사회복지제도로서의 일자리보장제[1]

왜 국가가 모두에게 일자리를 보장해야 할까? 일자리 보장제는 매우 강력하고, 포괄적이며, 안정적인 대안적 사회복지제도이기 때문이다. 사회보험 중심의 전통적 복지제도는 이제 한계가 분명해졌다. 사회보험에는 주로 취업자가 가입하는데, 실업이 증가하고, 고용도 불안정해졌기 때문이다. 사회보험 가입자는 소득 일부를 기금으로 적립하고, 그 기금으로 실업, 질병, 노령, 산재 등 사회적 위험에 대응한다.

---

[1] 이 글은 『공정사회를 위한 새로운 사회복지체계 연구』(김을식 외 공저)에 역자가 기고한 「복지제도로서의 일자리 보장제」 일부를 가져와 수정한 것임을 밝힌다.

예를 들면, 실업보험이나 국민연금이 대표적이다. 취업 기간 중 보험료를 내고, 위험(실업 혹은 은퇴)에 직면하여 급여를 받는다.

사회복지제도로서 사회보험이 잘 기능하고 계속 유지되려면 한 가지 결정적으로 중요한 조건이 충족되어야 한다. 가입자 수가 많아야 한다는 점이다. 가입자 수가 많아야 개인별로는 적은 보험료로 큰 기금을 만들 수 있기 때문이다. 또한, 소수만 가입하는 사회보험이란 '사회적' 역할을 제대로 담당한다 할 수 없다. 가입자 수가 결정적으로 중요하기에 국가는 법률로 사회보험 의무가입을 정하고 있다. 하지만 현실은 그 목표를 달성하지 못하고 있다. 소득이 없거나 제도적 허점으로 인해 사회보험 가입률이 기대치에 크게 미치지 못하고 있다. 2019년 기준 우리나라 공적연금(국민연금, 공무원연금, 사학연금, 군인연금) 가입률은 15~64세 인구 약 3,700만 명 중 65%, 실업보험 가입률은 37.3%에 지나지 않는다.

모두의 안정적인 '생활 기반 보장'이라는 사회복지제도의 목표를 실현하는 데 가장 중요한 요소는 '소득 보장'이다. 안정적인 생활을 위해서는 소득이 안정되어야 한다. 우리나라 개인과 가계에서 가장 중요한 소득원은 노동소득으로, 가계 소득의 평균 90% 이상을 차지한다. 따라서 일자리(노동소득) 보장은 가장 중요한 소득 보장 방법이고, 저소득

층일수록 더 그러하다.

　　앞서 지적한 것처럼, 사회보험 중심의 전통적 사회복지제도는 취업을 전제로 구성되어 있지만, 취업 자체를 보장하지는 않는다. 취업과 무관하게 저소득 계층에 지급하는 사회부조가 다소 존재하지만, 적정 생계비에 크게 미치지 못하는 현실이다. 결국, 자본주의 경제에서 일자리는 가장 중요한 소득원이고, 가장 중요한 안전판이다.

　　일자리와 취업이 이렇게 중요함에도, 자본주의 경제에서 완전고용보다는 대량 실업이 보편적이다. 더구나, 자본주의 경제는 주기적으로 불황과 호황을 반복해 왔는데, 불황국면에서 실업자 수가 특히 급증한다. 불황으로 증가한 실업자가 새 일자리를 찾는 데에는 점점 더 오랜 시간이 걸리고 있다. 고질적인 대량 실업은 현재의 사회복지제도를 위협한다. 실업이 사회보험료 수입을 줄이는 한편, 복지지출은 증가시키기 때문이다. 이는 사회보험 기금 고갈이나 정부 재정적자로 나타나는데, 이에 대한 보편적 대응은 사회복지 축소였다. 따라서 일자리 보장은 현재의 사회복지제도를 유지하는 데에도 필수적이다.

　　우리나라에서도 실업은 고질적이고 광범위하게 존재해 왔다. 〈그림1〉은 2015년부터 2021년 3월까지 우리나라 실업자 수를 보여준다. 2021년 3월 현재 공식 실업자 수는 121.5만 명에 달했다. 여기서 '공식적' 실업자란 매우 엄격

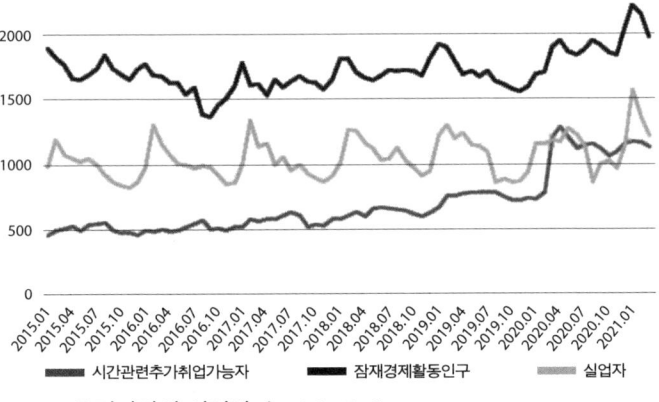

그림1 우리나라의 실업자 수(단위: 천 명)

한 의미의 실업자로, 지난 4주간 적극적으로 일자리를 찾는 활동을 했고, 일을 주면 즉시 일할 수 있지만, 지난 1주일간 급여가 지급되는 일을 하지 못한 사람을 말한다. 하지만 이 실업 기준은 너무 엄격하여 체감 실업을 제대로 반영하지 못한다. 실업 상황을 더 정확히 이해하기 위해서는 실질적인 실업자를 충분히 고려할 필요가 있다. 실질적 실업자에는, 첫째, 일정 시간 일을 했지만, 노동 시간이 짧아 소득이 충분하지 않고, 더 많은 일을 하고 싶지만 그러지 못하는 사람(시간 관련 추가취업 가능자)이 있다. 2021년 3월 이들은 112.6만 명에 달했다. 둘째, 취업준비생처럼 구직활동을 하지 않았지만, 취업하려는 의사가 있는 사람(잠재구직자)과 육아 등으로 당장 일을 시작하지 못하지만, 여건이 되는대로 취업하고자 하는 사람(잠재취업가능자) 또한 실업자로 포함할 수 있다. 이들은 같은 시기 197.9만 명으로 추정되었다. 이 세 가지 실업자를 모두 더하면 현재 일자리를 구하지 못하고 있는 사람은 약 432만 명 이상이다. 이 숫자가 최근 코로나19 팬데믹에 따른 경제적 충격을 반영한 것일 수 있지만, 조사를 시작한 2015년 1월부터 코로나19 팬데믹 이전까지 '평소'의 평균도 약 340만 명에 달했다.

따라서 우리나라에서도 완전고용보다는 실업이 보편적 현상이다. 대량 실업은 기존 사회복지제도를 무력화시킨다. 이들 실업자는 사회보험의 외부에 존재하기 때문이다. 또한, 실업 확대로 사회보험 가입자 수가 감소하면, 사회보험(기금)의 존립 자체를 위협한다.

요약하면, 실업이 빈곤과 소득 불평등 등 사회복지제도가 담당해야 할 사회적 위험 대부분의 원인이지만, **현재의 사회복지제도는 실업을 직접 다루지 않는다**. 거꾸로 실업은 사회보험 중심의 사회복지제도 전체를 위협한다. 실업은 사회보험 가입자 수의 감소를 의미하기 때문이다. 따라서 실업을 직접 해소하려는 고용정책은 매우 정당한 사회복지정책으로 이해할 수도 있다.

그런데도 지금까지 고용정책은 한 번도 성공한 적이 없다. 정부의 소극적 대응도 문제지만, 실업의 원인을 이해하는 잘못된 관점이 더 근본적인 이유이다. 실업의 원인에 관한 지배적 담론(자유주의적 입장)은 크게 두 가지로 나눌 수 있을 것이다. 첫째는 실업을 취업역량 개발에 소홀한 실업자 개인의 방탕한 생활 태도에서 찾는 견해다. 이는 실업의 책임을 전적으로 개인에게 돌리는 태도이다. 두 번째 관점은 이보다 더 광범위하게 퍼진 관념인데, 노동시장이 비효율적으로 작동하여 실업이 존재한다는 주장이다. 구체적으로, 법정 최저임금 설정, 해고의 제한 등 노동시장 규제와 '이중 노동시장' 구조가 비효율적 노동시장을 만든다고 주장한다. 이에 따르면, 임금이 충분히 하락하면 실업자 모두 고용될 수 있다. 또한, 단결권이 보장된 내부 노동자들에게 과도한 임금이 지급되면서 기업의 추가 고용 여력이 감소하여, 결국 실업이 존재하게 된다고 주장한다.

하지만 이와 같은 자유주의적 관점은 자본주의 경제의 구조적 결함을 무시한다. 자본주의 경제 내부에 일자리 수가 부족할 수밖에 없는 구조적 모순이 존재한다. 자본주의에서는 모든 생산물이 판매되어야 하는 상품으로 생산된다. 생산된 모든 상품은 누군가가 구매해줘야 한다. 상품이 판매되지 않으면 기업은 이윤을 내지 못하여 파산하거나 투자를 축소하여 실업이 발생한다. 하지만 자본주의 경제는 생산물이 모두 판매되기 어려운 구조적 제약 하에서 작동한다. **소득이 불평등하게 분배될 수밖에 없기 때문이다.** 자본가와 부자에게 분배된 소득 중 큰 부분은 소비되지 않고 저축된다. 노동자도 임금 일부를 저축하기도 한다. 분배된 소득 중 일부가 저축된다는 사실은 그만큼 생산된 상품이 판매되지 않음을 의미한다. 이러한 판매 위기가 강화되고 완제품 재고가 증가하면 기업은 투자와 고용을 줄인다. 이것이 실업의 원인다. 즉, 소득 불평등에 따른 저축이 실업의 구조적 원인이다.

그동안의 실업 대책은 이와 같은 정확한 원인 진단에서 출발해야 했지만, 그렇지 않았다. 첫째, 실업의 원인을 개인의 태만에서 찾는 관점은 실업 해소 정책 자체를 거부하거나, 대개 개인의 취업역량(employability)을 강화하는 '직업훈련'에 초점을 맞추려 한다. 하지만 경제 전체적으로 일자리 총량이 제한되어 있는 한, 직업훈련에 참여하는 사람의 취업 가능성은 커질 수 있지만, 누군가는 반드시 취업에서 탈락할 수밖에 없다. 매우 악랄한 '의자 뺏기' 게임이다. 직업훈련보다 경제 상황이 취업에 더 큰 영향을 미치는 것도 이 때문이다.

둘째, 실업을 노동 시장의 문제로 보는 관점은 노동 시장에 대한 임의적 개입을 제거하는 정책을 선호한다. 최저임금제도 폐지, 해고를 쉽게 하는 노동시장 유연화, 노동권 일부 제한, 일자리 나누기 등의 정책이 이 범주에 속한다. 하지만 고용과 실업이 '시장'의 문제, 혹은 개별 기업과 노동자의 선택 문제로 보는 이런 관점은 심각한 단견이다. 우선, 시장에서 기업들이 '개별적으로' 결정하는 최적 고용량의 합이 '경제 전체'의 모든 노동자를 고용할 만큼 충분하리란 보장이 전혀 없다. 실제로, 역사가 증명하듯, 시장은 완전고용을 보장하지 못한다. 1980년대부터 전면화된 신자유주의 정책으로 노동에 관한 규제는 유례없이 약화되었지만, 실업이 감소했다는 증거는 전혀 없다.

마지막으로, 고용정책 결정자 중에는 실업이 경제 전체의 일자리 총량이 부족해서 발생한다는 점을 이해하는 관점이 있긴 하다. 이들은 일자리 총량의 부족이 유효수요 부족에 기인한다는 점도 지적한다. 이러한 맥락에서, 이들은 실업 해소를 위해 총수요 확대 정책, 즉 정부 지출 확대를 제시한다. 하지만 이런 정책 처방 또한 실업을 해소하는 데 효과적이지 않았다. 고용을 기업에 의지했기 때문이다. 유효수요를 확대하기 위한 정부 지출은 주로 기업에 고용 인센티브를 제공하는 방식이었다. 조세 감면, 규제완화 등이 대표적이다. 이는 '일자리 낙수효과'를 기대한 정책이다. 그러나 기업에 의존하는 일자리 창조 정책은 실패할 수밖에 없다. 무엇보다, 기업의 목표는 이윤 극대화이지, 일자리 창조나 고용이 아니기 때문이다. 설사 기업에 대한 인센티브를 제공하여 완전고용을 달성할 수 있다 하더라도, 이를 위한 재정지출 규모는 상상할 수 없이 커야 할 것이다. 모든 실업자를 정부가 고용하는 편이 훨씬 재정 절약적이다.

실업 해소를 위해서는 정부가 일할 능력과 의도가 있는 모든 실업자를 직접 고용하는 길 외에는 달리 방법이 없다.

일자리 보장제로부터 무엇을 기대하나?

당연히 안정적 일자리와 소득이 보장된다. 이를 통해 모든 시민의 안정적 생활 기반을 보장할 수 있다. 그에 따라 경제도 빠르게 성장할 것이다. 소득이 증가하면 개인의 지출과 경제 전체의 유효수요가 증가할 것이기 때문이다. 일자리 보장제는 경제 성장과 같은 양적 효과 이외에도, 다음과 같은 중요한 질적 효과를 낳을 수 있다. 첫째, 일자리 보장제는 기존 취업자에게 유리한 노동 관행과 노동 조건을 만들어 낼 것이다. 일자리 부족(실업)과 해고 위협은 노동자의 협상력을 약화하는 가장 강력한 기제이다. 이와는 반대로, 정부가 보장하는 대안 일자리는 노동자에게 가장 든든한 '뒷배'가 된다. 그 결과 민간 사용자는 함부로 부당 노동행위를 할 수가 없게 될 것이다. 또한, 민간 부분은 정부가 제시하는 일자리 보장제 임금(시급 및 정기적 임금 총액 모두) 이상을 제시하여야만 할 것이다. 그렇지 않다면 사용자는 원하는 인력을 구하지 못할 것이기 때문이다.

둘째, 일자리 보장제는 지역 사회가 원하는 사회 서비스를 공공재로 제공한다. 일자리 보장 프로그램은 지역 공동체의 '미충족 욕구'를 해소하는 일들로 구성되기 때문이다. 지역 공동체 구성원은 그러한 사회 서비스 혜택을 받는 동시에 각자 할 수 있는 사회 서비스를 공동체에 제공하기도 한다. 지역 공동체 전체의 이익을 위해 구성원이 자발적으로 참여하는 활동(일자리 보장 프로그램)을 통해, 개개인은 경제적 이익을 얻는 동시에 협력과 공존의 가치를 몸으로 체득할 수 있다. 이는 사회 전체의 민주주의 발전에 중요한 토대가 될 것이다. 예컨대, 우리 사회에는 이미 경제적 궁핍에도 불구하고 시민 활동가로 살아가며, 사회와 공동체를 위해 일한다는 자부심을 지향하는 가치 중심적 삶을 추구하는 사람들이 많이 있다. 돈 걱정 없이 사회에 봉사하는 사람들이 많아지면, 우리 사회는 질적으로 개선될 것이다. 이들은 사회 운동을 통해 다양한 분야의 지식과 역량을 습득해 왔으므로, 일자리 보장 프로그램을 운영하는데 핵심 요원으로 활동할 것이다.

셋째, 거시 경제적 측면에서, 일자리 보장제는 가장 강력한 자동 경제 안정화 장치로 기능할 수 있다. 자본주의 역사 전체로 보면, 경기변동은 자본주의 경제가 존재하는 한 피할 수 없는 숙명처럼 보인다. 주기적 경기변동은 실업의 증감으로 나타난다. 경기침체로 민간 부문에서 실업이 양산되면, 일자리 보장 프로그램이 그들을 흡수하여, 경력과 소득 단절로부터 보호한다. 일자리 보장 프로그램은 소득 단절을 예방할 뿐만 아니라, 실직하더라도 계속 일을 하면서

숙련을 유지하게 한다. 이는 경기가 회복할 때, 민간 부문으로 쉽게 이직할 수 있게 한다. 노동시장에 처음으로 진입하는 청년들에게도 경력과 숙련을 쌓을 기회를 제공한다.

넷째, 일자리 보장 프로그램을 통해 '그린뉴딜' 등 산업 및 사회 전환을 도모할 수 있다. 산업 및 사회 전환은 대규모 투자와 자원 동원이 필요하다. 특히 노동 투입이 매우 중요하다. 일자리 보장 프로그램 일부를 이에 활용할 수 있다. 우선, 기후변화로 예상되는 자연재해 예방 활동 프로그램을 개발하고, 이를 일자리 보장 프로그램의 하나로 시행할 수 있다. 더 나아가, 일자리 보장제는 산업 및 사회 전환 과정에서 필연적으로 나타나는 노동 재배치 문제를 해소할 수 있다. 예컨대, 신재생에너지로의 전환은 기존 화석연료 산업에 종사하던 노동자의 실직으로 이어질 수 있다. 이들을 (재교육 후) 신재생에너지 산업이나 기타 업종으로 재배치하기 위해서는 대규모 일자리 완충 장치가 필요하다. 화석연료 산업의 쇠퇴로 실직한 사람들은 일자리 보장제가 운영하는 다양한 프로그램에 참여하여 경력을 유지하거나 쌓을 수 있고, 이를 바탕으로 재취업할 수 있다. 일자리 보장 프로그램 중 일부를 신재생에너지 관련 프로그램으로 운영한다면, 실직한 화석연료 종사자들이 여기에 참여함으로써 성장하는 신재생에너지 산업으로 재취업할 수도 있을 것이다. 이러한 방식으로 일자리 보장 프로그램은 사회와 산업의 전환 과정에서 실직한 사람들을 소득 단절 없이 재교육하고 새로운 일자리를 찾을 수 있도록 훈련하는 기능을 수행한다. 대규모 전환을 이루면서 그로부터 패자를 만들지 않기 위해서는 일자리 보장이 필요하다.

다섯째, 일자리 보장제를 통해 생산성 정체를 극복하고, 질적으로 우수한 경제체제를 구축할 수 있다. 최근 노동 절약적 기술 산업이 발달하면서, 고용의 불안정성이 강화되고 있다. 고용이 불안정해지면서 불평등도 강화되었다. 불평등 확대는 결국 유효 수요 부족 문제를 악화하고, 궁극적으로 경제 성장과 생산성 정체로 이어진다. 경제 성장과 생산성 정체는 이제 역으로 실업과 고용 불안정성을 강화하고, 불평등을 더욱 악화시키는 '악순환' 메커니즘을 형성한다. 일자리 보장제는 이러한 악순환을 '선순환'으로 전환할 수 있다. 일자리 보장제를 통해 국민 전체의 소득이 증가하면, 유효 수요가 증가하고, 기업의 이윤도 증가한다. 이는 다시 투자와 민간 고용을 확대하고, 경제 전체의 생산성을 향상한다. 일자리 보장제는 노동과 자본 모두를 위한 윈윈 전략이기도 하다. 일자리 보장제를 시행하지 않을 이유가 없다. 이 책은 일자리 보장제에 관한 더 구체적인 이야기를 들려준다.

일자리보장 - 지속가능사회를 위한 제안

초판 1쇄 발행 | 2021년 6월 22일

지은이 | 파블리나 R. 체르네바(Pavlina R. Tcherneva)
옮긴이 | 전용복
편 집 | 배원일
발행인 | 김태진
발행처 | 진인진
등 록 | 제25100-2005-000003호
주 소 | 경기도 과천시 별양상가 1로 18 614호(별양동 과천오피스텔)
전 화 | 02-507-3077-8
팩 스 | 02-507-3079
홈페이지 | http://www.zininzin.co.kr
이 메 일 | pub@zininzin.co.kr

ⓒ 진인진 2021
ISBN 978-89-6347-469-4 93300

* 책값은 표지 뒤에 있습니다.